MONICA ALM

KIKI
gründet einen Ponyklub

Schneider-Buch

Inhalt

Mein Pferd Melissa	7
Ein schöner Tag mit kläglichem Ende	12
Der Klub wird gegründet	20
Hurra! Wir übernehmen den Reitstall!	29
Wer fürchtet sich schon vor Gespenstern?	36
Der Spuk beginnt	45
Michael sorgt für eine Überraschung	51
Das Gespenst kommt zurück	58
Der Ponyklub stellt eine Falle	65
Das unheimliche Gesicht am Fenster	73
Wer steckt hinter dem Spuk?	81
Eine Belohnung für die Gespensterjagd	93
magazin im Schneider-Buch	105

Mein Pferd Melissa

Ich kenne nichts, was so gut riecht wie ein Pferd. Wenn ich nur in die Nähe des Stalles komme, verschwinden wie durch Zauberschlag alle unangenehmen Gedanken an Schularbeiten, unzufriedene Lehrer und nörgelnde Eltern.

Ich bin vor kurzem vierzehn geworden und reite schon seit sechs Jahren. Und ich bin überzeugt davon, daß ich reiten werde, solange ich auf den Beinen stehen kann – selbst wenn ich hundert Jahre alt werden sollte!

Nicht nur das Reiten selbst ist herrlich; alles

andere ist mindestens genauso schön: Ein Pferd zu striegeln, die Hufe auszukratzen, den Stall auszumisten, das Sattelzeug zu wachsen, Mähne und Schwanz zu bürsten – ja, jede Arbeit, die mit einem Pferd zusammenhängt, macht riesigen Spaß.

Eigentlich spielt es keine Rolle, ob man ein eigenes Pferd hat oder nicht. Die Hauptsache ist, daß man sich um ein Pferd kümmern darf. Aber natürlich ist es der Wunschtraum jedes Reiters, ein eigenes Pferd zu besitzen. Und für mich ist dieser Traum in Erfüllung gegangen! Manchmal kann ich selbst kaum glauben, daß es wahr ist. Dann kneife ich mich in den Arm, um festzustellen, ob ich träume. Aber ich bin wach – ich habe ein Pferd. Eines, das mir ganz allein gehört und Melissa heißt.

Mit acht Jahren, als ich meinen ersten Hufkratzer und Striegel kaufte, glaubte ich nie, daß ich einmal selbst ein Pferd haben würde. Doch ich sparte wie ein alter Geizkragen. Wenn meine Eltern und Verwandten mich fragten, was ich mir zum Geburtstag oder zu Weihnachten wünschte, sagte ich jedesmal: „Reitsachen oder Geld."

Das Geld für mein Pferd legte Papa auf ein eigenes Bankkonto, und bestimmt glaubte keiner daran, daß ich es schaffen würde. Da täuschten sie sich aber alle miteinander! Natürlich ließ ich mich manchmal verführen und kaufte „unnötige" Dinge wie Süßigkeiten oder Schallplatten, aber das kam nicht sehr oft vor. Im letzten Jahr hatte ich schon neunhundert Mark beisammen, und da sagte mein Vater eines Tages zu mir: „Kristina, wenn wir mit dem Essen fertig sind, möchten Mama und ich mit dir reden."

Ich merkte, daß es sich um etwas Ernstes handelte, weil er mich mit Kristina anredete. Sonst nannte er mich nämlich immer Kiki wie alle anderen auch.

„Ja, Kristina", begann Papa nach dem Abendessen, „du hast sehr fleißig gespart. Und da sind wir auf die Idee gekommen, daß wir dir das restliche Geld leihen könnten, damit du dir ein Pferd kaufen kannst."

Ich fiel beinahe in Ohnmacht!

Rasch biß ich mir auf die Lippen und lächelte tapfer, obwohl ich am liebsten in Tränen ausgebrochen wäre. Atemlos fragte ich: „Wann können wir es kaufen?"

„Vielleicht schon morgen", antwortete meine Mutter. „Wir haben bereits mit Herrn Erik von der Reitschule gesprochen. Er meint, wir könnten eines von seinen drei Jungpferden haben."

Ich wußte genau, um welche Pferde es sich handelte: Charly, Sesam und Melissa. Jedes von ihnen war drei Jahre alt; die beiden Junghengste wurden seit kurzem eingeritten, aber die Stute Melissa hatte bis jetzt noch nie einen Sattel auf dem Rücken gehabt. Die wollte ich haben!

Ich war sicher, daß ich in dieser Nacht nicht schlafen würde, denn sobald ich die Augen schloß, sah ich Melissa vor mir. Aber seltsamerweise muß ich nach Mitternacht doch eingeschlafen sein, denn ich erwachte davon, daß meine Mutter mich rüttelte. Meine erste Frage war: „Habe ich geträumt, oder bekomme ich wirklich ein Pferd?"

„Du hast nicht geträumt", lachte Mama. „Aber beeile dich jetzt, damit du in die Schule kommst. Heute abend um sechs Uhr sollen wir Herrn Erik im Reitstall treffen."

Ich kam schneller als sonst aus dem Bett und erreichte die Schule in Rekordzeit. Dafür schleppte sich der Rest des Tages endlos lange dahin. Natürlich lernte ich während der Stunden überhaupt nichts; ich saß nur da und träumte mit offenen Augen.

Ein paar Minuten vor sechs war ich im Stall, und schon eine halbe Stunde später konnte ich mich stolz Pferdebesitzerin Kristina Bergman nennen!

Nach und nach tauchten alle meine Freundinnen in der Reitschule auf, und ich hüpfte wie ein Irrwisch herum und rief ihnen entgegen, daß ich ein eigenes Pferd bekommen hätte! Elisabeth, Ingrid, Anita, Karin, Marianne und Lena umringten mich und meine Stute Melissa. Alle redeten gleichzeitig, und wir lachten und schrien so laut, daß ein paar Pferde in ihren Boxen zu wiehern begannen.

Damals, als ich Melissa bekam, war sie also drei Jahre alt. Inzwischen ist sie schon vier. Sie ist eine Kreuzung: Ihr Vater war ein Vollblut-Russenpony und ihre Mutter ein nordschwedisches Vollblut. Melissa ist ein richtiges Reitpferd mit einem recht lebhaften, aber leicht zu zügelnden Temperament.

Ich habe sie selbst zugeritten, und das dauerte ziemlich lange, aber sowohl ich als auch Melissa haben eine Menge dabei gelernt! Ich zum Beispiel weiß jetzt, daß man Geduld haben muß und nicht ärgerlich oder traurig werden darf, wenn einmal ein Erfolg ausbleibt. Melissa dagegen mußte sich an Sattel und Trense gewöhnen, und das änderte ihr ganzes Leben. Nachdem sie so lange frei und unbeschwert herumgesprungen war, mußte sie nun arbeiten und Gehorsam lernen.

Anfangs schlug sie ein bißchen aus, wenn ich den Sattelgurt anzog. Inzwischen läßt sie sich den Sattel jedoch gern auflegen, weil sie weiß, daß sie dann aus dem Stall kommt.

Am schlimmsten war es mit der Trense. Beim erstenmal wurde sie von Panik ergriffen und nahm ein Maul voller Sägespäne und Heu, um das Gebiß zu verschlucken, obwohl ich eigens ein weiches aus Gummi gekauft hatte. Aber natürlich gewöhnte sie sich mit der Zeit auch daran.

Ich habe mir immer Mühe gegeben, nicht ungeduldig zu werden und gleichmäßig freundlich, aber auch bestimmt zu sein. Und ich habe Melissa nur selten einen Schlag versetzt.

Manche meiner Freundinnen finden, daß ich härter mit ihr umgehen sollte, doch ich glaube, daß Melissa dann ziemlich verstockt und bösartig werden könnte. Aber natürlich muß ich mich durchsetzen, wenn ihr Übermut sich in Bocksprüngen äußert oder wenn sie steigt und sich auf die Hinterbeine stellt. Da hilft alles nichts – ein Pferd darf sich keine Freiheiten herausnehmen, die für den Reiter lebensgefährlich sein können!

Im allgemeinen ist Melissa jedoch ein sehr liebes Pferd. Ihre Lebhaftigkeit macht mir natürlich manchmal etwas zu schaffen, aber ich würde sie gar nicht anders haben wollen.

Ein schöner Tag mit kläglichem Ende

Wie die Zeit vergeht — jetzt gehört mir Melissa schon seit über einem Jahr; sie hat sich zu einem richtig guten Reitpferd entwickelt. Und morgen ist unser letzter Schultag vor den Sommerferien.

Früher habe ich meine Ferien immer am liebsten in einem Reitlager verbracht, aber in diesem Jahr will ich jeden einzelnen Tag hier in Aspen zubringen. Auch meine sechs Freundinnen haben beschlossen, den ganzen Sommer über zu Hause zu bleiben. Vier von uns haben eigene Pferde: Star Dust ist Ingrids Pony, Munter gehört Karin, Lena ist die Besitzerin von Charlie (der zusammen mit meinem Pferd aufgewachsen ist), und ich habe Melissa. Die anderen drei Mädchen heißen Elisabeth, Anita und Marianne. Wir sind wirklich die besten Freunde. Nicht eine von uns vier Pferdebesitzerinnen benimmt sich hochnäsig — und keine von den anderen, die auf Pferden der Reitschule reiten, ist mißgünstig. Tatsächlich ist Elisabeth, die kein eigenes Pferd hat, die beste Reiterin von uns allen.

Morgen beginnen also die großen Ferien. Mein

Zeugnis macht mir keine besonderen Sorgen, obwohl ich bestimmt nicht zu den Besten in unserer Klasse gehöre. Andererseits werde ich wohl kaum so schlechte Noten bekommen, daß meine Eltern sauer sind. Wenigstens hoffe ich das!

Ich habe fast in jedem Fach eine Drei bekommen; entweder sind die Lehrer einem Anfall von Freundlichkeit erlegen, oder ich bin vielleicht doch nicht so dumm, wie ich mir manchmal vorkomme, vor allem in Mathematik. Aber Schluß damit, ich habe keine Lust, in den Sommerferien auch nur einen Gedanken an die Schule zu verschwenden!

Zum Mittagessen gab es „Arme Ritter" mit viel Marmelade, meine Lieblingsspeise. Ich aß so viel, daß ich kaum mehr aufstehen konnte. Meine Mutter meinte, ich sollte mich doch ein bißchen hinlegen und ausruhen. Aber ich schleppte mich in mein Zimmer, zog meine Reitsachen an und stapfte in meinen Reitstiefeln über den Flur. Und ehe Mama den Mund auftun und sich über die kleinen Lehmklumpen beklagen konnte, die ich bei jedem Schritt zurückließ, sagte ich: „Ich kann heute nicht zum Abendessen kommen. Wir treffen uns alle im Stall und überlegen, was wir in den Ferien unternehmen wollen. Länger als bis neun Uhr bleibe ich bestimmt nicht aus, und dann nehme ich mir selbst ein paar Butterbrote."

Ich sah ihr an, daß sie mir im nächsten Augenblick einen Vortrag darüber halten wollte, wie ungeheuer wichtig es für ein heranwachsendes

Mädchen ist, ordentlich und in Ruhe zu Abend zu essen.

Deshalb öffnete ich schnell die Wohnungstür und murmelte: „Es schadet mir bestimmt nichts, wenn ich das Abendbrot heute mal ausfallen lasse. Man muß den Magen manchmal ein bißchen ausruhen lassen, vor allem, wenn man ihn mit ‚Armen Rittern' und Marmelade vollgestopft hat. Jetzt verschwinde ich zu Melissa. Tschüs, Mama!"

Ich schwang mich auf mein Fahrrad und machte mich auf den Weg zum Reitstall. Es war ein wunderbarer Tag – die Sonne schien, und ein kühles Lüftchen wehte. Ich fuhr am Misthaufen vorbei, bog zum Stall ab und lehnte das Fahrrad gegen die Wand. Die Stalltür stand offen. Ich hörte Stimmen und Gelächter. Schnell stiefelte ich hinein und rief: „Melissa!"

Sofort antwortete mir ein frohes Wiehern. Melissa wiehert besonders gern. Es gibt Pferde, die das nur selten tun, aber Melissa wiehert oft und gibt mir immer Antwort, wenn ich ihren Namen rufe. Mir wird dabei immer ganz warm vor Freude.

Ingrid, Lena und Karin waren gerade mit ihren Pferden beschäftigt. Auf der anderen Seite des Stalles standen Elisabeth, Anita und Marianne in den Boxen und striegelten Figaro, Filur und Primus, die sie für den Sommer von Aspens Reitschule gemietet hatten. Für gewöhnlich kamen die Pferde während der Ferienmonate auf die Weide, weil in dieser Zeit keine Reitstunden abgehalten wurden.

Wir erkundigten uns natürlich gegenseitig, wie die Zeugnisse ausgefallen waren. Dann beschlossen wir, uns noch ein bißchen nützlich zu machen und anschließend auf die Koppel neben der Springbahn zu reiten. Einige mußten die Boxen noch in Ordnung bringen oder den Boden saubermachen; ich kümmerte mich um Melissa.

Sie stand ganz still da und ließ es sich gern gefallen, daß ich sie striegelte. Zur Belohnung bekam sie eine Karotte und ein Zuckerstück. Bald glänzte ihre Mähne prächtig im Sonnenlicht, und das Fell war sauber und geschmeidig. Auch meine Freundinnen waren inzwischen mit ihrer ‚Arbeit fertig, und endlich konnte der erste Ausritt dieser Sommerferien beginnen!

Wir sattelten unsere Pferde und ritten hinüber zur Koppel hinter der Springbahn. Ach, es ist ein herrliches Gefühl von Freiheit und Glück, auf dem Rücken eines Pferdes zu sitzen! Hoch über dem Boden bewegt man sich still und weich vorwärts, als hätte man plötzlich eine Menge ungeahnter Kräfte. Es ist jedesmal das gleiche, wunderbare Erlebnis, im Sattel zu sitzen und zu entdecken, daß man alle Bewegungen beherrscht.

Wir ritten ein paarmal im Schritt durch die Bahn, um unsere eigenen Muskeln und die unserer Pferde weicher zu machen. Nach einem kurzen Galopp ging es hinunter zu den Hindernissen. Karin war als erste an der Startlinie. Sie kontrollierte, ob ihre Reitkappe fest saß, beugte sich vor und klopfte ihrem Pferd aufmunternd auf den Hals. Nachdem sie Munter noch etwas ins Ohr geflüstert hatte, ritt sie geradewegs auf das erste Hindernis zu.

Karin springt ausgezeichnet und hat schon mehrere Preise in einfacheren Turnieren gewonnen. Sicher wird sie bald in einer höheren Klasse zum Wettkampf antreten. Karin hat ein natürliches Empfinden für das richtige Gleichgewicht und neigt sich beim Springen nie zu weit vor, wie es mir im Übereifer oft passiert.

Ich stand mit Melissa bei einem Übungshindernis, das wir aus einem alten Ölfaß errichtet hatten. Karin wendete, um zum zweitenmal zu springen. Elisabeth ritt inzwischen mit Figaro auf die Bahn, und Lena und Ingrid ließen Charlie und Star Dust schnelle Wendungen auf der Hinterhand vollführen.

Alles war nett und gemütlich; ich saß im Sattel und genoß das friedliche Idyll... da passierte es! Melissa machte plötzlich einen heftigen Ruck und zog eines ihrer Hinterbeine an den Bauch. Ich rutschte seitlich aus dem Sattel, konnte mich jedoch noch rechtzeitig anklammern und gewann mühsam mein Gleichgewicht wieder. Doch in der nächsten Sekunde kam es mir vor, als hätten Himmel und Erde Platz getauscht! Melissa stieg – sie hob sich auf die Hinterbeine, und ich sauste durch die Luft und landete auf dem Rücken!

Ratet mal, ob das weh tat? Zuerst fiel ich auf meinen Allerwertesten, daß mir ganz schwarz vor den Augen wurde. Und im nächsten Augenblick prallte mein Hinterkopf derart gegen den Boden, daß ich lauter Sterne sah. Ich hatte wirklich Glück, daß ich meine Reitkappe trug, sonst wäre ich bestimmt mit einer Gehirnerschütterung im Krankenhaus gelandet. Mein Kreuz, mein Hinterteil und meine Schenkel schmerzten, und ich hatte das Gefühl, als stünde meine Haut in Flammen.

Melissa stand noch immer auf den Hinterbeinen und schlug mit den Vorderhufen wild in die Luft. Ich hatte Verstand genug, mich zusammenzurollen und die Arme schützend über den Kopf zu halten, damit ich nicht zu sehr verletzt wurde, wenn

Was war nur in Melissa gefahren, daß sie sich plötzlich so aufbäumte?

Melissa völlig verrückt wurde und losgaloppierte oder vielleicht gar durchging. Aber sie stand nur dauernd wie ein Zirkuspferd da und wieherte schrill.

Anita und Marianne sprangen von ihren Pferden und rasten zu Melissa, ergriffen ihre Zügel und zogen, bis mein Pferd wieder mit allen vieren auf dem Boden stand. Melissa warf den Kopf aufgeregt vor und zurück, aber Anita klopfte ihr den Hals, bis sie sich beruhigte. Marianne stand inzwischen auf der anderen Seite und hielt die Zügel, während sie Melissa über Nüstern und Stirn streichelte.

Die anderen Mädchen halfen mir wieder auf die Füße. Nachdem ich mich überzeugt hatte, daß ich mir weder Arme noch Beine gebrochen hatte, hinkte ich mit ihrer Unterstützung zum Stall hinüber.

Marianne kam nach einigen Minuten mit Melissa nach und stellte sie in ihre Box. Ich saß auf einem Stuhl; vor Schmerz und Schreck liefen mir die Tränen über die Wangen.

Kurz darauf hatte ich mich jedoch wieder soweit gefaßt, daß ich aufstehen und mir die Augen mit dem Taschentuch trocknen konnte.

„Wie geht es dir?" fragte Marianne.

„Ich werd's überleben", antwortete ich. „Vielen Dank, daß ihr euch um Melissa gekümmert habt."

„Was war eigentlich los, warum ist sie plötzlich gestiegen?" fragte Ingrid.

„Keine Ahnung", sagte ich. „Ich saß vollkommen ruhig da, und sie war ganz friedlich und entspannt.

Mit einem Male tat sie einen gewaltigen Ruck und begann sich wie ein Wildpferd aufzuführen."

„Irgend etwas muß sie erschreckt haben", meinte Karin.

„Ich glaube, ich weiß, warum sie gestiegen ist", sagte Lena, ging zur Box und verschwand unter Melissas Bauch.

„Paß auf!" rief ich. „Sie steigt vielleicht wieder!"

Lena antwortete nicht, sondern murmelte etwas vor sich hin, während sie auf den Knien lag und vorsichtig Melissas Bauch abtastete.

Nach ein paar Minuten erhob sie sich wieder, wischte sich das Sägemehl von der Hose und kam zu uns herübergelaufen.

„Es ist genau das, was ich vermutet habe", erklärte sie. „Melissa hat einen ordentlichen Wespenstich auf der linken Bauchseite. Das hat sie so wild gemacht."

„Armes Mädchen!" rief ich. „Was tut man gegen Wespenstiche? Soll ich sie mit irgendeiner Flüssigkeit betupfen? Oder müßte man versuchen, den Stachel herauszuziehen?"

„Melissas Haut ist um den Wespenstich herum sehr schmerzempfindlich", erwiderte Lena. „Wenn du mit einem feuchten Wattebausch kommst, wird sie sicher wieder ängstlich und schlägt vielleicht aus. Bestimmt ist es am besten, wenn du den Stachel überhaupt nicht berührst. Es heilt sicher von selbst. Laß Melissa heute mal ein bißchen ausruhen."

„Das paßt mir ausgezeichnet", murmelte ich.

„Mein Hinterteil tut mir so weh, daß ich für den Rest des Tages darauf verzichten kann, im Sattel zu sitzen."

Hinkend und breitbeinig ging ich zum alten Feldbett, das im Klubraum neben dem Stall steht. Die anderen kehrten wieder zu ihren Pferden zurück.

Ich lag auf dem Bauch und hörte ihre fröhlichen Rufe. Jedesmal wenn ich mich auf die Seite zu drehen versuchte, tat mir vom Nacken bis zur Ferse hinunter alles weh. Na, das war ja kein besonders glorreicher Beginn meiner Sommerferien!

Der Klub wird gegründet

In den folgenden Nächten konnte ich kaum schlafen. Meinen Eltern erzählte ich kein Wort von meinem Unfall, denn ich bin der Meinung, man soll ältere Leute nicht unnötig beunruhigen. Zu meinem Bruder Michael sagte ich natürlich auch nichts; er hätte sich bestimmt wieder auf seine unerträgliche Art über mich lustig gemacht. „Kleine Mädchen sollten die Finger von so großen Tieren lassen", sagt er jedesmal sofort, wenn ich andeute, daß es manchmal nicht so ganz einfach ist, ein Pferd zu halten.

Tagsüber lag ich im Gras und sah den anderen beim Reiten zu. Mein Hinterteil tat mir noch so weh, daß ich nicht im Sattel sitzen konnte. So wurde Melissa täglich von Elisabeth bewegt, nachdem der Wespenstich verheilt war.

Eines Nachmittags kam mir beim Faulenzen ein Einfall. Ich rief nach meinen Freundinnen, und während sie sich neben mir niederließen, sagte ich: „Dieses kleine Zimmer hinter den Boxen nennen wir doch Klubraum, oder nicht?"

„Ja. Stimmt etwas nicht damit?" antworteten sie.

„In gewisser Weise", sagte ich. „Wir haben einen Klubraum, aber keinen Klub."

„Wir gehören doch zu Aspens Reitschule", meinte Anita.

„Ja, aber wäre es nicht prima, wenn wir einen eigenen Klub hätten?" erwiderte ich.

„Wofür denn?"

„Ach, wir könnten Klubmeisterschaften veranstalten und Vorführungen abhalten, für die die Leute Eintritt bezahlen."

Minutenlang war es still, dann sagte Marianne: „Das klingt gar nicht so dumm."

Die anderen murmelten zustimmend.

„Wir brauchen Geld, um Farbe zu kaufen, damit wir unsere Kästen und Schubladen streichen können", überlegte Marianne.

„Ich finde, wir sollten uns einen Petroleumofen für den Klubraum anschaffen, wenn wir viel Geld verdienen", meinte Lena. „Dann können wir uns dort im Winter aufhalten, ohne halb zu erfrieren."

„Aber vielleicht kommt überhaupt kein Mensch, um unsere Vorführungen zu sehen", wandte Ingrid ein.

„Unsere Eltern kommen bestimmt, das müssen sie einfach", sagte Anita. „Aber erst muß der Klub gegründet werden. Wie soll er heißen?"

Das löste eine lebhafte Diskussion aus. Verschiedene Vorschläge wurden gemacht, aber keiner fand allgemeine Zustimmung. „Wie wär's mit ‚Webe Pferdeklub'?" rief Karin.

„Was bedeutet Webe?" fragten wir.

„Weltbester Pferdeklub", erklärte Karin.

„Nein!" schrien wir.

„Wir könnten vielleicht einen vornehmen Namen wählen", überlegte Lena. „Königlicher Reitsportklub zum Beispiel."

„Wir dürfen uns doch nicht ‚königlich' nennen!" sagte Marianne.

„Warum denn nicht?" erwiderte Lena. „Man fühlt sich ja wie ein König, wenn man reitet."

„Nein, wir brauchen einen richtigen Namen. Einen, der nicht klingt, als hätte uns plötzlich der Größenwahn gepackt", sagte Ingrid.

Wir gründen einen Klub, aber wie soll er heißen?

„Winzig kleiner Pferdeklub?" fragte Karin.

„Vereinigung der schüchternen Pferde?" schlug ich vor.

„Heimlicher Reiterklub!" rief Marianne.

„Wie stellt man es denn an, heimlich zu reiten?" wollte Lena wissen.

Mehr als eine Stunde verging, und wir hatten noch immer keinen brauchbaren Namen gefunden. Eine Zeitlang sah es aus, als könnten wir uns auf „Kleiner Pferdeklub" einigen. Dann merkten wir, daß das nach einem Indianerbuch klang. Indianer haben immer Pferde, die „Kleine Wolke" oder „Kleines Gewitter" oder so ähnlich heißen.

„Wenn Kiki wütend ist, müssen wir den Klub in ‚Kleiner Pferdeklub mit großem Gepolter' umtaufen", sagte Anita.

„Wenn wir den Klub nach dir benennen würden", erwiderte ich, „dann müßte er heißen: ‚Kleiner Pferdeklub mit großem Gekicher!'"

Anita versuchte, ein böses Gesicht zu machen, aber es gelang ihr nicht recht. Nach ein paar Sekunden fing sie zu kichern an; wir anderen konnten ebenfalls nicht ernst bleiben und brachen in lautes Lachen aus.

Und genau zwanzig Minuten später einigten wir uns auf den Namen Ponyklub.

„Jetzt weihen wir den Ponyklub gemeinsam ein, indem wir über die Dressurbahn reiten!" schlug ich vor und stand auf.

„Hält dein Hinterteil das aus?" fragte Ingrid.

„Ich opfere mich für den Klub", lachte ich.

Zwar tat es an verschiedenen Stellen noch ein bißchen weh, als ich mich in den Sattel setzte, aber es war auszuhalten.

„Wir machen ein paar Wendungen auf der Vorderhand", sagte Elisabeth feierlich, „um zu zeigen, daß wir richtige Reiterinnen sind."

Und so wurde die Gründung unseres Klubs mit einem gemeinsamen Dressurritt besiegelt.

Am nächsten Tag hielten wir unser erstes Klubtreffen ab.

Elisabeth wurde zur Vorsitzenden gewählt, ich zur Schriftführerin und Karin zum Kassenwart.

Dann überlegten wir, welche Farben der Ponyklub bekommen sollte. Anfangs wollte natürlich jeder einzelne genau die Farbe, in der seine eigenen Reitsachen gestrichen waren, doch wir begriffen bald, daß wir so nicht weiterkamen.

„Es ist am fairsten, wenn alle ihre Sachen neu streichen", sagte Elisabeth.

„Typisch!" stöhnte Lena. „Ich habe meine ganze Ausrüstung erst vor vierzehn Tagen frisch gestrichen!"

Anita lachte. „Prima, dann bist du wenigstens noch in Übung. Denk doch an uns – wir haben schon seit einem Jahr nichts mehr angemalt!"

„Wir werden Blasen an den Händen kriegen", sagte ich.

„Das hoffe ich wirklich!" brummte Lena.

„Und was für eine Farbe nehmen wir?" fragte Ingrid.

„Ich finde Rot sehr hübsch", sagte ich.

„Nein, nicht Rot!" riefen mehrere. „Blau oder Braun ist besser.

„Gelb!" schrien etliche.

„Weiß!" kreischte Marianne.

„Lila!" rief jemand.

„Weiß!" brüllte Marianne wieder, daß die Fensterscheiben in unserem Klubraum zitterten.

„Ruhe!" brüllte Elisabeth genauso laut.

Gerade da ging Herr Erik vorbei. Er öffnete die Tür, musterte uns mit verwundertem Blick und fragte: „Veranstaltet ihr ein Wettschreien?"

Wir kicherten, und Herr Erik verschwand wieder.

„Wir sollten die Sache jetzt ruhig besprechen", sagte Elisabeth. „Wenn wir so durcheinanderschreien, geraten wir uns am Ende noch in die Haare."

„Wenn man nicht schreit, hört ja doch keiner zu!" erklärte Marianne.

„Na ja, jetzt tun wir's aber", versicherte Elisabeth.

„Warum möchtest du Weiß als Klubfarbe haben?"

„Weil Weiß hübsch aussieht und sauber außerdem."

„Weiß ist im Winter unpraktisch", mischte sich Karin ein. „Wenn man im Schneetreiben etwas Weißes verliert, sieht man es nicht. Ich finde Blau am schönsten."

„Rot ist viel besser!" sagte ich und stand auf. „In England trägt man rote Reitjacken auf den

Turnieren und bei den Reitjagden, und das sieht richtig edel aus. Außerdem sind rote Gegenstände im Schnee bestimmt gut sichtbar, falls jemand vorhat, im Winter seine Sachen in der Natur zu verstreuen."

„Ich verliere meine Sachen nicht!" protestierte Karin. „Ich meine nur, daß man daran denken muß, daß man ..."

„Hört jetzt auf, euch über den Winter zu streiten", unterbrach sie Elisabeth. „Jetzt haben wir Sommer."

„Und deswegen ist Grün die richtige Farbe!" sagte Anita.

„Gelb ist am besten!" erklärte Karin. „Die Sonne ist gelb."

„Der Himmel ist blau", sagte ich.

„Das Meer ist auch blau", warf Ingrid ein.

„Blau? Wir sind doch keine Seepferde!" lachte Elisabeth.

„Gelb sieht nach Käse aus", meinte Lena und kicherte.

„Wir sollten uns endlich entscheiden." Das kam von Karin.

„Müssen wir unbedingt nur eine Farbe haben?" fragte Marianne. „Könnten wir nicht zwei zusammen nehmen?"

„Ja!" riefen alle. „Das ist eine gute Idee!"

Nach einer Stunde hatten wir uns endlich geeinigt: Unser Klub sollte die Farben Dunkelblau und Weiß bekommen.

„Hiermit beschließen wir also, daß die Farben

unseres Ponyklubs Dunkelblau und Weiß sind", sagte Elisabeth und schlug mit der Faust auf den Tisch. „Darf ich die Schriftführerin bitten, das im Protokoll zu vermerken?"

Ich nickte, zog ein Blatt Papier aus der Tasche und schrieb es auf.

„Sollen wir alle Sachen gestreift anmalen, oder wie wird das aussehen?" fragte Karin.

Doch darüber schien sich Marianne bereits Gedanken gemacht zu haben, denn ehe eine neue Diskussion ausbrechen konnte, sagte sie: „Nachdem alle Stücke unserer Ausrüstung so viele verschiedene Größen und Formen haben, können wir uns doch gar nicht für ein bestimmtes Muster entschließen. Ich finde, daß jeder von uns seine Sachen genauso anstreichen soll, wie es ihm gefällt."

„Kann ich dann weiße Kreise auf blauem Grund malen?" wollte Anita wissen.

„Darf man kleine weiße Punkte machen?" fragte Karin.

„Ich streiche alles gestreift an."

„Weiße Sterne auf dunkelblauem Grund sind große Klasse", meinte Ingrid.

„Sind alle dafür, daß jeder sich ein eigenes Muster aussuchen kann?" fragte Elisabeth.

„Ja!" antworteten wir im Chor.

„Dann ist es einstimmig beschlossen", sagte Elisabeth und schlug wieder mit der Hand auf die Tischplatte.

Damit war unser erstes Klubtreffen beendet, und wir gingen zu unseren Pferden.

Ich ritt nur ein paar Runden mit Melissa und brachte sie dann auf die Weide zum Grasen.

Was für ein Muster sollte ich nehmen? Streifen gefielen mir gut, aber die waren bestimmt nicht leicht zu malen. Sterne waren sicher mindestens ebenso verzwickt...

Ich radelte nach Hause, setzte mich mit Papier und Bleistift an meinen Schreibtisch und begann zu zeichnen. Schon bald entdeckte ich, daß ich im Entwerfen und Zeichnen von Mustern nicht besonders genial war. Deshalb beschloß ich, kleine weiße Rauten auf den Rand meiner Reitsachen zu malen und den Rest einfach dunkelblau zu streichen.

Am nächsten Tag gelang es mir nach einigem Hin und Her, von Mama einen Vorschuß auf mein Taschengeld zu bekommen. Ich fuhr mit dem Fahrrad ins Farbengeschäft und kaufte zwei Dosen Farbe und einen kleinen Pinsel.

Als ich in die Reitschule kam, waren fast alle Klubmitglieder versammelt. Schon von weitem hörte man fröhliches Lachen, unterbrochen von wütenden Ausrufen.

„Dieser Stern sieht völlig verrückt aus!" kicherte Ingrid.

„Ich werde wahnsinnig mit diesen Streifen! Sie laufen in alle Richtungen!" zischte Lena. „Gleich pfeffere ich den Farbtopf gegen die Wand!"

Ich ging in den Stall und holte meine Kiste. Sie war so schwer, daß ich sie nicht tragen konnte, sondern sie über den Boden schleifen mußte. Ich stellte sie neben die Stallwand, öffnete den Deckel, setzte mich ins Gras und begann, den Inhalt auf der Wiese auszubreiten.

Es ist kaum zu glauben, was in so einer Kiste alles Platz hat: Reitkappe, Halfter, Plastikbänder, Reitgerte, Satteldecke, Trense, Gummibänder, Striegelbürste, Hufeisen, Stirnband, Hufkratzer, Mähnenkamm, alle möglichen Sorten von Bürsten, Sattelseife und so weiter.

„Das dauert ja ewig, bis ich das alles gestrichen habe!" stöhnte ich.

„Die Trense und das Halfter willst du doch wohl nicht beklecksen?" fragte Elisabeth.

„Nein, natürlich nicht", antwortete ich. „Und meine Reitkappe wird bestimmt auch nicht mit Farbe verziert. Aber alles andere wird angemalt – zuzüglich Kiste und Plastikeimer. Damit bin ich wochenlang beschäftigt."

„Beklag dich nicht", sagte Elisabeth. „Sei lieber froh, daß du Reitsachen hast, die angestrichen werden müssen!"

Hurra! Wir übernehmen den Reitstall!

Wir ritten viel und strichen wenig, und es sah fast so aus, als würden unsere Farbtöpfe nie leer. Aber nach vierzehn Tagen waren alle Reitsachen und alles Putzzeug mit verschiedenen Mustern in Dunkelblau und Weiß bemalt, der Stall blitzte, und alle Klubmitglieder waren zufrieden.

An dem Tag, nachdem wir die leeren Farbdosen in die Aschentonne geworfen hatten, stand ich gerade im Freien und striegelte Melissa, als Elisabeth heftig atmend dahergelaufen kam. Schon aus zwanzig Meter Entfernung rief sie mir zu: „Hurra!"

Ich starrte ihr verwundert entgegen. Hatte sie in der Lotterie gewonnen?

„Was ist los mit dir?" rief ich zurück.

„Hurra! Hurra!" schrie sie wieder.

Jetzt war sie nur mehr ein Stück von mir entfernt. Sie wirkte unerhört glücklich und aufgeregt.

„Hat dich eine giftige Pferdefliege gestochen?" fragte ich.

„Hurra, hurra, hurra!" fuhr sie fort und sank keuchend vor Melissa ins Gras. Ich ließ die Bürste fallen und setzte mich neben Elisabeth.

Sie saß still da, und ich ließ sie wieder zu Atem kommen. Als sie jedoch nach ein paar Minuten noch immer nicht mit der Sprache herausrückte, fragte ich: „Bist du plötzlich stumm geworden?"

„Nein", erwiderte sie mit etwas unsicherer Stimme.

„Wärst du dann vielleicht so furchtbar liebenswürdig, mir zu verraten, warum du hurra geschrien hast? Hat jemand Geburtstag? Bekommen wir Kaffee und Torte?"

„Es ist etwas viel Besseres als Torte", sagte Elisabeth.

„Ist es Eis und Schlagsahne?" rief ich.

„Nein, es ist nichts zu essen. Und Geburtstag hat auch niemand", sagte Elisabeth.

„Und du hast auch nicht den ersten Preis in der Lotterie gewonnen?"

„Nein."

„Verrate mir jetzt endlich, was los ist!" drängte ich.

„Das hätte ich schon längst getan, wenn du nicht dauernd über Torten und Eis und Geburtstage..."

„Warum hast du hurra geschrien?" unterbrach ich sie, denn ich konnte es vor Neugier kaum mehr aushalten.

Ich sah, wie Elisabeth ein Lächeln unterdrückte. Natürlich wollte sie mich auf die Folter spannen. Als ich nichts mehr sagte, sondern nur abwartend da saß, räusperte sie sich endlich und erklärte: „Also, paß auf, ich habe hurra gerufen, weil Herr Erik in Urlaub fährt."

Herr Erik ist der Leiter von Aspens Reitschule, und ich mag ihn und seine Familie bestimmt gern – trotzdem konnte ich nicht begreifen, was an seinem Urlaub so überwältigend schön sein sollte.

„Warum freut dich das so? Hat er vielleicht hurra gerufen, als unsere Ferien anfingen?" fragte ich.

„Er fährt nach Wien", sagte Elisabeth.

„Soll ich deshalb in Freudengeheul ausbrechen?" erkundigte ich mich und wollte aufstehen.

„Merkst du nichts?" sagte Elisabeth und zog mich wieder ins Gras zurück. „Herr Erik fährt mit seiner Familie in Urlaub. Begreifst du, was das bedeutet?"

Ich schüttelte den Kopf.

„Das bedeutet", sagte Elisabeth langsam, „daß wir ganz allein in der Reitschule sein werden und uns um alles kümmern dürfen!"

„Hurra!" schrie ich.

„Na endlich ist dir ein Licht aufgegangen."

„Wie lange bleiben sie weg?" wollte ich wissen.

„Zwei Wochen."

„Und wann fahren sie?"

„Mitte Juli."

„Schon so bald?" rief ich. „Prima!"

Wenn man sich vorstellte, daß wir vierzehn Tage lang für alles verantwortlich sein würden – das war einfach herrlich! Natürlich gibt es in unserer Reitschule während des Sommers nicht sehr viel zu tun, weil keine Reitkurse abgehalten werden, aber die Pferde müssen immerhin versorgt und beaufsichtigt werden.

Ich malte mir gerade aus, was für herrliche Zeiten vor uns lagen, da kam mir plötzlich ein furchtbarer Gedanke. Rasch fragte ich Elisabeth: „Hat Herr Erik wirklich gesagt, daß wir uns ganz allein um die Pferde kümmern dürfen?"

„Klar hat er das, sonst hätte ich doch nicht hurra geschrien!" erwiderte sie ruhig. „Als ich ihn vor ein paar Minuten traf, hat er mich gefragt, ob wir bereit wären, ein Auge auf die Pferde und das Haus zu haben."

„Ein Auge darauf haben?" wiederholte ich. „Pah, wir werden Tag und Nacht mit Leib und Seele über alles wachen!"

„Wann willst du dann schlafen? Und wo?" fragte Elisabeth und stand auf.

„Wir könnten doch im Stall oder im Klubhaus übernachten, während Herr Erik in Urlaub ist", schlug ich vor. „Im Sommer sind die Nächte so warm."

„Darüber müssen wir mit Herrn Erik reden, ehe wir einen Beschluß fassen", antwortete Elisabeth.

„Und dann müssen wir noch unsere Eltern um Erlaubnis bitten", sagte ich. „Aber ich wüßte eigentlich nicht, warum sie uns verbieten sollten, im Reitstall zu schlafen. Wir sind ja keine Kinder mehr, wir können selbst auf uns aufpassen. Außerdem sind wir zu siebt. Und jetzt gehen wir sofort zu Herrn Erik und fragen ihn", schlug ich eifrig vor.

„Immer mit der Ruhe. Er will sich morgen abend mit uns im Klubraum treffen und uns sagen, was während seines Urlaubs alles zu tun ist."

„Weiß er, daß wir einen richtigen Klub gegründet haben?"

„Nein, ich glaube nicht", versetzte Elisabeth. „Aber das können wir ihm ja morgen sagen."

„Meinst du, daß alle kommen können?"

„Sie müssen einfach! Ich habe Karin und Lena schon alles erzählt, als ich sie vorhin traf. Sie wären vor Freude beinahe in ein Indianergeheul ausgebrochen."

Ich dachte schon an etwas anderes. „Und was machen wir mit der Verpflegung?" fragte ich.

„Eins nach dem anderen", sagte Elisabeth auf ihre

ruhige Art. „Jetzt gehe ich zum Stall zurück und sehe nach, ob die anderen schon gekommen sind."

Ich striegelte Melissa fertig, sattelte sie und ritt mit ihr zur Hindernisbahn. Mir schwirrte der Kopf vor Aufregung. Herrlich würde das sein, alle Pferde selbst zu versorgen! Aber was sollten wir tun, wenn ein heftiges Gewitter kam? Und konnte man den Tierarzt mitten in der Nacht anrufen, falls eines der Pferde plötzlich krank wurde? Welche Telefonnummer hatte er überhaupt? War der Zaun überall in Ordnung?

Wir sprangen über ein paar Hindernisse und ritten dann etwa zehn Minuten lang Dressur. Als ich wieder zum Stall kam, war der ganze Ponyklub dort versammelt. Alle redeten in höchster Lautstärke durcheinander. Ich sattelte Melissa rasch wieder ab und führte sie auf die Weide.

Sie machte ein paar leichte, geschmeidige Sprünge, als wollte sie zeigen, daß sie jetzt frei und ungebunden war. Dabei hielt sie den Kopf stolz erhoben und sah sich mit ihren klaren Augen um.

Ihr Schwanz, auf den ich wirklich besonders stolz bin, ist dick und glänzend und so lang, daß er fast den Boden berührt. Ich sah ihr zu, wie sie den Kopf senkte und zu grasen anfing.

Ich kam gerade rechtzeitig zurück, um Karins Vorschlag zu hören: „Wir malen den ganzen Stall blau und weiß an!"

„Bist du verrückt geworden? Weißt du, wieviel Farbe man dafür braucht? Du hast wohl keine Ahnung, was das kostet!" rief Lena.

"Wie können wir nur den Reitstall verschönern?" diskutierten die Mädchen

„Vielleicht könnten wir eine Grube für ein Schwimmbecken ausheben?" fragte Marianne.

„Das ist eine Reitschule und keine Badeanstalt", sagte Ingrid.

„Wir bauen eine Zuschauertribüne neben der Springbahn!" rief eine andere.

„Ruhe!" schrie Elisabeth dazwischen. Als endlich alle still waren, zeigte sich wieder einmal, daß sie die Vernünftigste von uns allen ist. „Wenn Herr Erik diesen Blödsinn hören könnte, würde er bestimmt denken, daß wir nicht erwachsen genug sind, um den Reitstall zu übernehmen", erklärte sie. „Ich finde, wir sollten uns überhaupt noch nichts vornehmen, ehe wir mit Herrn Erik gesprochen haben. Und jetzt Schluß damit, verstanden?"

„Jawohl, Fräulein Vorsitzende", flüsterte ich.

Wer fürchtet sich schon vor Gespenstern?

Am nächsten Abend kurz vor sieben hatten wir uns im Klubraum versammelt und warteten auf Herrn Erik.

"Was gibt es in Wien eigentlich zu sehen?" erkundigte ich mich.

"Wiener Würstchen und Wiener Schnitzel natürlich", sagte Karin.

Alle lachten aus vollem Hals.

"Im Ernst", fragte Ingrid, "gibt es in Wien etwas, was mit Pferden zu tun hat?"

"Darauf kannst du dich verlassen!" versicherte Elisabeth. "In Wien ist die Spanische Hofreitschule, schon seit ein paar hundert Jahren. Und das ist die beste Reitschule der Welt. Die schneeweißen Lipizzanerhengste, die sie dort haben, sind geschmeidig und stark und wunderschön. Und die Reiter sind ganz große Klasse!"

"Woher weißt du das?" wollte Marianne wissen.

"Ich war vor zwei Jahren mit meinen Eltern in Wien. Wir sind mit dem Auto hingefahren", sagte Elisabeth.

"Erzähl uns davon!" baten wir sie im Chor.

Und Elisabeth erzählte: "Dort treten zwanzig Hengste gleichzeitig auf, und sie bewegen sich, als würden sie Ballett tanzen. Die ganze Vorstellung hat über eine Stunde gedauert, und die Pferde bewegten sich völlig einheitlich im Takt zur Musik. Alle Bewegungen werden mit unglaublicher Präzision ausgeführt. Manchmal hat man fast das Gefühl, als wären die Pferde nicht echt, so perfekt sieht alles aus." Elisabeths Augen blitzten vor Begeisterung. „Einer der Reitlehrer hat während der Vorstellung erzählt, daß die Pferde eine angeborene Fähigkeit für diese Art von Kunstreiterei haben. Sie stammen aus der eigenen Zucht der Hofreitschule und haben Stammtafeln, die unglaublich weit zurückreichen."

Ein Hüsteln unterbrach Elisabeths Bericht. Wir drehten uns um – und da stand Herr Erik im Türrahmen und lächelte.

„Mir scheint, du weißt eine ganze Menge über die Spanische Hofreitschule, Elisabeth", sagte er.

Elisabeth wurde ein bißchen rot und schüttelte schüchtern den Kopf.

„Natürlich werde ich während meines Urlaubs auch die Hofreitschule besuchen", fuhr Herr Erik fort. „Ich bin schon früher dort gewesen und war immer wieder gleich stark von der Ruhe und Geschicklichkeit der Pferde und Reiter beeindruckt."

„Warum heißt es eigentlich Spanische Hofreitschule? Sie ist doch in Österreich", sagte ich.

„Weil die Lipizzanerhengste aus Spanien kommen", erwiderte Herr Erik. „Ich verspreche, daß ich euch erzählen werde, wie es in der Hofreitschule war, wenn ich wieder hier bin."

„Prima, dann können wir ein Klubtreffen mit

Vortrag veranstalten!" rief ich. „Wir haben nämlich einen Klub gegründet. Ponyklub heißt er."

„Na, da gratuliere ich euch! Natürlich halte ich gern einen Vortrag in eurem Klub und zeige euch auch Fotos von der Spanischen Hofreitschule. Aber jetzt müssen wir alles richtig regeln, damit ich in Urlaub fahren kann, sonst wird nichts aus der Veranstaltung. Ich bin euch sehr dankbar, daß ihr zwei Wochen lang die Verantwortung für die Pferde übernehmen wollt, und ich weiß auch, daß ihr euch gut um sie kümmern werdet. Ihr sollt das auch nicht umsonst tun. Elisabeth, Anita und Marianne, ihr braucht für die Zeit meiner Abwesenheit keine Miete für die Pferde zu bezahlen. Und wer von euch ein eigenes Pferd hat, zahlt kein Kostgeld dafür. Seid ihr damit einverstanden?"

„Ja!" riefen wir alle.

„Dann ist das abgemacht", sagte Herr Erik. „Damit ihr beruhigt seid, hänge ich im Stall einen Zettel mit der Telefonnummer des Tierarztes und des Hufschmieds auf. Ihr könnt dort jederzeit anrufen, wenn etwas passieren sollte. Ich habe beiden Bescheid gegeben und gesagt, daß ich alles bezahlen werde, wenn ich zurückkomme. Ihr braucht euch also keine Sorgen zu machen. Wollt ihr sonst noch etwas wissen?"

Ein unsicheres Gemurmel erhob sich, bis Elisabeth das Wort ergriff. „Ja, wir möchten gern während der beiden Wochen in der Reitschule übernachten", sagte sie. „Erlauben Sie uns das?"

„Freilich", erwiderte Herr Erik und überlegte eine

Weile. „Es geht sicher, wenn ihr versprecht, daß ihr keine anderen Mädchen oder Jungen mitbringt."

„Das tun wir bestimmt nicht, darauf können Sie sich verlassen", sagte Elisabeth.

„Dann ist es gut. Wo wollt ihr schlafen?"

„Hier im Klubraum", meinte Ingrid.

„Wird das nicht ziemlich eng? Ich glaube, es wäre besser, wenn ihr euer Nachtlager im Heuschober gegenüber der Springbahn aufschlagen würdet. Dort ist genug Platz für euch alle."

„Ja, da schlafen wir gern!" riefen wir.

Herr Erik nickte. „Aber versprecht mir, das Heu nicht zu verschmutzen und weder Saft noch Wasser zu verschütten, weil es sonst zu faulen anfangen könnte."

„Wir sind bestimmt vorsichtig", versicherten wir im Chor.

„Und ihr dürft auch keine Petroleumlampen oder Streichhölzer im Schuppen anzünden. Wenn ihr Licht braucht, nehmt Taschenlampen."

„Ja, natürlich!" sagten wir eifrig.

„Habt ihr eure Eltern schon gefragt, ob ihr in der Reitschule übernachten dürft?"

„Nein", erwiderte Elisabeth. „Wir wollten zuerst mit Ihnen sprechen, ehe wir zu Hause um Erlaubnis bitten."

Herr Erik lächelte. „Na, hoffen wir, daß eure Eltern nett sind und keine Einwände erheben. Wie wollt ihr euch übrigens verpflegen?"

„Das wissen wir noch nicht", antwortete ich. „Aber wir machen es wahrscheinlich so, daß jede von uns täglich zum Abendessen heimgeht. Morgens und mittags genügen uns Butterbrote und Obst. Im Sommer braucht man ohnehin nicht soviel warmes Essen."

„Ich kann euch draußen auf der Wiese über der Dressurbahn ein paar Steine zu einem Kreis legen", sagte Herr Erik. „Dort könnt ihr Würstchen braten. Aber achtet darauf, das Feuer jedesmal wieder richtig zu löschen, ehe ihr weggeht. Und wenn es windig ist, dürft ihr natürlich kein Feuer anmachen!"

„Das ist nett von Ihnen, vielen Dank, Herr Erik!" riefen wir.

„Ja, das wär's wohl für heute", sagte er, stand auf und ging zur Tür. „Und vergeßt nicht, mir Bescheid zu geben, ob ihr im Heu übernachten dürft oder nicht. Tschüs, Mädels!"

„Tschüs, Herr Erik, und vielen Dank!" riefen wir ihm nach.

„Ich finde, wir sollten jetzt schnell nach Hause gehen und unseren Eltern erklären, wie nützlich und notwendig es ist, vierzehn Tage lang für uns selbst zu sorgen", schlug Elisabeth vor. „Wir wollen uns gegenseitig die Daumen halten!"

Alle nickten entschlossen, und wir verabredeten uns für den nächsten Tag um neun Uhr im Stall.

Zu Hause blieb ich gleich im Flur sitzen und zog langsam meine Reitstiefel aus. Mir ging so vieles durch den Kopf, daß ich ganz in Gedanken versunken war und richtig erschrak, als ich plötzlich eine Stimme sagen hörte: „Na so was, die ist nicht ganz richtig im Kopf! Sitzt mit geschlossenen Augen auf dem Schuhschränkchen und stinkt nach Stall und Pferdemist!"

Mein Bruder Michael stand in der Küchentür und grinste mich herausfordernd an.

Ich zerrte schnell meinen linken Stiefel vom Fuß und tat so, als wollte ich damit nach ihm werfen. Da versteckte er sich lachend hinter der Tür. In diesem Augenblick tauchte meine Mutter auf und fragte, was los wäre, und sowohl Michael als auch ich antworteten wie immer: „Gar nichts."

Mama schüttelte den Kopf, lächelte und sagte: „Ich möchte wissen, ob ihr jemals aufhören werdet, euch zu hänseln."

Ich fand es am besten, gleich auf die Sache zu sprechen zu kommen, die mir momentan am wichtigsten war. Deshalb erzählte ich meiner Mutter von Herrn Eriks Urlaub, daß wir uns um alles kümmern dürften und dafür freie Verpflegung für unsere Pferde bekämen. „Und Herr Erik hat uns versprochen, daß wir im Heuschober übernachten dürfen, während er fort ist. Das erlaubst du mir doch, Mami?" fragte ich mit meiner reizendsten Stimme.

„Bekommen die anderen Mädchen auch die Erlaubnis dazu?" fragte meine Mutter.

„Ganz bestimmt!" versicherte ich. „Darf ich? Es ist doch genauso, als wäre ich in einem Reitlager!"

„Ich weiß nicht! In einem Reitlager sind Erwachsene zur Aufsicht da. Aber hier seid ihr ganz allein..."

„Der Schuppen ist nur zehn Minuten von hier entfernt!" rief ich.

Meine Mutter schwieg eine Zeitlang. Dann sagte sie: „Wenn du mir versprichst, daß du jeden Tag einmal zum Essen nach Hause kommst, und wenn die anderen Mädchen auch in der Reitschule übernachten dürfen, dann meinetwegen."

Ich wäre vor Freude fast an die Decke gesprungen!

„Du bist die beste Mutter der Welt!" rief ich.

Es geschehen noch Zeichen und Wunder!

Alle bekamen die Erlaubnis, im Heuschober zu übernachten. Wir brachten vor Glück kaum ein vernünftiges Wort heraus, als wir uns am nächsten Tag im Stall trafen und feststellten, daß wir nun vierzehn Tage und Nächte gemeinsam verbringen durften. Natürlich ging ich auch zu Melissa und erzählte ihr alles. Dabei streichelte ich ihre weichen Nüstern, und sie wieherte zufrieden. Was für ein kluges Pferd Melissa doch ist! Sie sah mich voll Zuneigung an, und in ihren schönen großen Augen stand ein erwartungsvoller Schimmer.

Wir sattelten unsere Pferde; Ingrid, Lena, Elisabeth und ich ritten auf die Wiese neben der Geländebahn, die anderen machten sich zu den Hindernissen auf.

Ich ließ Melissa ein paar Minuten lang galoppieren. Sie war sichtlich froh, ihre überschüssigen Kräfte loszuwerden, und genoß das Gefühl von Geschwindigkeit und Freiheit, das man bei jedem guten Galopp verspürt, ebensosehr wie ich.

Mittags versammelten wir uns wieder vor dem Stall und ließen die Pferde auf der Koppel frei. Ich wollte heute schon früher wieder zu Hause sein, weil ich mir vorgenommen hatte, meine Pferdedecke mit dunkelblauen und weißen Stoffstücken zu besetzen. Tatsächlich arbeitete ich den ganzen Nachmittag mit Feuereifer daran.

Gegen Abend war ich endlich fertig und beschloß, auch noch den alten Schlafsack zu flicken, den ich mit in die Reitschule nehmen wollte. Ich hatte eben den ersten Riß zugenäht, als sich plötzlich die Tür auftat und Michael ins

„Ihr werdet vor Angst an allen Gliedern schlottern",
hänselte Michael seine Schwester

Zimmer kam. Ich sah es ihm schon an der Nasenspitze an, daß er mich wieder einmal ärgern wollte.

„Ihr werdet vor Angst in allen Gliedern schlottern", begann er.

„Angst? Wieso?" fragte ich.

„Mädels", sagte er in mitleidigem Ton.

„Und was ist mit uns nicht in Ordnung?" fragte ich möglichst ruhig.

„Ihr seid furchtbare Angsthasen."

„Wir sind auch nicht ängstlicher als Jungs!"

„Klar seid ihr das. Ihr werdet euch nachts im Heuschober so graulen, daß ihr alle miteinander einen Herzschlag bekommt", sagte er.

„Mach dich aus dem Staub!" empfahl ich ihm. „Verschwinde, sonst nähe ich dir den Mund zu!"

„Wag es bloß nicht, Kleine!" sagte er mit jener überlegenen Stimme, die mich immer zur Weißglut treibt.

Ich biß die Zähne zusammen, zählte innerlich bis zehn und spürte, wie meine Wut sich legte. Michael stand ein paar Minuten still da und wartete.

Als ich ihm keine Antwort gab, fing er wieder an: „Ihr werdet euch im Dunkeln so fürchten, daß ihr nicht mehr wißt, wie ihr heißt."

„Wir haben keine Angst", erwiderte ich ruhig.

„Ich könnte wetten", fuhr er fort, „daß ihr schon in der ersten Nacht zu Mami heimgelaufen kommt, weil ihr im ganzen Heuschober Gespenster seht."

„Es gibt keine Gespenster!" sagte ich mit Festigkeit und stach mich mit der Nadel in den Daumen.

„Das kannst du leicht sagen, wenn du sicher hier in der Wohnung sitzt", erwiderte Michael. „Aber wart nur ab, was passiert, wenn du mit deinen Freundinnen im Heu liegst. Dann glaubst du bestimmt an Gespenster. Du wirst sie in allen Ecken herumspuken sehen!"

„Ich fürchte mich nicht im Dunkeln und die anderen genausowenig."

Michael machte ein überlegenes Gesicht. „Das werden wir schon sehen."

Ich stand auf. „Komm bloß nicht auf dumme Gedanken!" warnte ich ihn. „Wenn du dich nachts als Gespenst verkleidest und versuchst, uns zu erschrecken, dann kann ich dir nur versichern, daß wir für so einen Spaß kein Verständnis haben. Das würden wir dir heimzahlen, darauf kannst du dich verlassen!"

„Du glaubst doch wohl nicht, daß ich mit etwas so Ernstem wie Spuk und Gespenstern spaßen würde?" Michael grinste scheinheilig, ging in die Küche und strich sich ein Butterbrot.

Der Spuk beginnt

Die Zeit verging im Schneckentempo, aber endlich war es soweit: Herr Erik reiste mit seiner Familie ab, und der Ponyklub konnte die Verantwortung für Aspens Reitschule übernehmen. Alles begann ruhig und friedlich. Es war herrlich, im

Heu zu schlafen. Und wir sahen kein einziges Gespenst.

Alle aßen täglich bei ihren Eltern zu Abend. Und jede von uns hatte Verpflegungsgeld bekommen, damit wir Lebensmittel fürs Frühstück und Mittagessen kaufen konnten. Es war natürlich keine ausgesprochen gesunde Nahrung, die wir zu uns nahmen, aber sie schmeckte uns großartig – vor allem, wenn wir draußen im Freien aßen. Wir lebten hauptsächlich von Würstchen, Butterbroten, Saft und Semmeln.

Jeden Tag ritten wir, kümmerten uns um die Pferde und hatten eine Menge Spaß.

Alles war sehr idyllisch. Wir verstanden uns gut, und es gab nicht einmal Streit. Die Pferde waren nett, wir waren es ebenfalls. Das Wetter war warm. Alles war wunderbar. Und es zeigten sich weder lästige Jungs noch Gespenster.

Dieser herrliche Zustand dauerte einen Tag, zwei Tage, drei und vier Tage lang.

Aber dann geschah etwas...

In der fünften Nacht fing es an.

In dieser Nacht herrschte ungewöhnliche Dunkelheit. Dicke Wolken verdeckten den Mond, und die Luft war schwül.

„Bestimmt kommt bald ein Gewitter", sagte ich, als wir in unsere Schlafsäcke krochen.

„Es müßte schon ganz gewaltig donnern, wenn ich davon aufwachen soll", sagte Anita. „Ich bin nämlich so hundemüde, daß ich sicher wie ein Stein schlafe."

Die anderen murmelten zustimmend.

„Gute Nacht allerseits", sagte Elisabeth. „Macht fest die Augen zu, dann seht ihr nicht, wie es blitzt."

„Gute Nacht", erwiderten sechs Stimmen im Chor.

Ich habe eigentlich keine besondere Angst vor Gewittern, aber ich sehe auch nicht gerade gern, wie es blitzt. So legte ich mich auf die Seite und zog mir den Schlafsack über den Kopf.

Ich weiß nicht, wie lange ich geschlafen hatte, als ich plötzlich erwachte.

Ein Geräusch hatte mich geweckt.

Ich lag unbeweglich da und wartete. War es nur das Gewitter gewesen, oder hatte ich geträumt? Nein, das Gewitter konnte es nicht sein. Es war kein Donnern gewesen, sondern ein anderes Geräusch – eine Art Klopfen.

Hatte außer mir noch jemand etwas gehört? Ich hob den Kopf, um festzustellen, ob eines der anderen Mädchen wach war, doch sie schienen alle zu schlafen.

Wahrscheinlich habe ich nur geträumt, dachte ich, legte mich wieder zurück und schloß die Augen.

Da – wieder ein Geräusch! Ja, es klang genau wie vorher: ein Klopfen.

Vor Angst wurde mir eiskalt, und ich bekam eine Gänsehaut.

Wer klopfte da?

Ich versuchte zu flüstern, aber meine Kehle war

wie zugeschnürt, und ich brachte keinen Ton heraus.

Vorsichtig stützte ich mich auf die Ellbogen und setzte mich auf. Es war kohlrabenschwarz um mich. Aber nach einer Weile hatten sich meine Augen an die Dunkelheit gewöhnt, und ich sah, daß Lena, die neben mir lag, ebenfalls wach war.

„Hast du das gehört?" wisperte sie.

Ich nickte nur, und auch Lena versank wieder in Schweigen. Man hörte keinen Laut.

Es war unheimlich still . . .

Plötzlich wurde die Ruhe von einem widerlichen Scharren unterbrochen. Es schien von dem kleinen Fenster her zu kommen und klang wie Tierkrallen, die auf Blech kratzten.

Mein Herz klopfte wild. Ich wollte die Augen schließen, doch es gelang mir nicht. Ich konnte nur wie gebannt auf das Fenster starren. Fuhr da nicht eine grüne, schleimige Hand über die staubige Scheibe?

Ich öffnete den Mund, um die anderen zu wecken. Doch ehe ich etwas sagen konnte, hörte das Scharren auf – und statt dessen erklangen schwere, dumpfe Schläge, als würde eine Riesenfaust gegen die Wand poltern.

Da schrie ich!

Es war ein langer, gellender Schrei, der die ganze Hütte erfüllte. Schlagartig fuhren alle aus ihren Schlafsäcken hoch. Elisabeth zischte: „Seid still!"

Ich streckte die Hand aus und umklammerte Lenas Arm.

„Hat eine von euch das Scharren und Klopfen nicht gehört?" wisperte Elisabeth.

„Nein", kam es flüsternd aus dem Heu.

„Wart ihr alle wach?" fragte ich ängstlich.

„Das ist doch klar, daß man aufwacht, wenn es spukt", piepste Marianne und kicherte nervös.

Als sie „spukt" sagte, schauderten wir alle; ein paar seufzten angstvoll.

„Es gibt keine Gespenster", sagte Elisabeth nach einer Pause.

„Woher weißt du das?" fragte Ingrid aufgebracht.

„Nur keine Aufregung", murmelte Elisabeth.

„Geh hinaus und sieh nach, was da so gescharrt und gepoltert hat, wenn du soviel Mut hast", sagte Karin. „Ich bleibe jedenfalls hier."

„Ich glaube, ich habe etwas Klebriges, widerlich Grünes vor dem Fenster gesehen und dabei dieses Scharren gehört", sagte Marianne und kicherte wieder.

„Psst!" zischte Elisabeth.

Jemand fing zu schluchzen an; ich konnte nicht erkennen, wer es war.

„Ich glaube, ich verschwinde jetzt nach Hause", sagte ich und wollte mich aufsetzen, fand jedoch keinen Halt im Heu, fiel um und blieb direkt neben Lena liegen.

„Bestimmt kam das Geräusch nur von einem Tier oder einem Vogel", meinte Elisabeth. Man merkte, wie sehr sie sich anstrengte, ruhig zu erscheinen. „Oder vielleicht hat jemand versucht, uns einen Schrecken einzujagen."

„Wer könnte das gewesen sein?" fragte Anita mit zitternder Stimme.

Und da fiel mir etwas ein!

„Vielleicht waren es mein Bruder Michael und seine Freunde!" sagte ich. „Er hat erst kürzlich davon gefaselt, daß wir nicht hier im Heuschober übernachten sollen, weil wir uns bestimmt im Dunkeln fürchten."

„Typisch", brummte Lena.

„Genau", sagte Elisabeth. „Jetzt haben sie sich wahrscheinlich draußen hinter einem Busch versteckt und warten darauf, daß wir völlig verschreckt aus der Scheune kommen, damit sie uns auslachen können."

„Und dann müssen wir bis in alle Ewigkeit hören, daß wir uns wie kleine Kinder vor Gespenstern fürchten", fügte ich richtig wütend hinzu.

Ein zorniges Gemurmel erhob sich, und etliche meinten, daß wir uns rächen sollten, bis Elisabeth sagte: „Paßt auf, jetzt schlafen wir wieder weiter. Und wenn wir noch etwas hören, kümmern wir uns einfach nicht darum."

„Und falls Michael und seine Freunde morgen anspaziert kommen und fragen, ob wir gut geschlafen hätten, sagen wir nichts davon, daß wir aufgewacht sind", fügte ich hinzu.

„Wir erwähnen den Spuk mit keinem Wort."

Michael sorgt für eine Überraschung

Melissas Laune wechselt ziemlich häufig; manchmal ist sie froh und munter, dann wieder verdrossen und griesgrämig. Ihre schlechte Stimmung zeigt sich vor allem morgens. Wenn sie mürrisch ist, steht sie in ihrer Box und dreht sich überhaupt nicht um, wenn ich komme. Sie tut so, als würde sie mich nicht sehen. Meistens ist es dann gar nicht so einfach, sie aus dem Stall zu bekommen.

Am Morgen nach der Spuknacht war sie jedenfalls bester Laune, als ich die Koppel erreichte. Sie drängte sich dicht an mich, zupfte spielerisch an meinen Haaren und wieherte zufrieden.

Ich wühlte in ihrer Mähne, streichelte sie und sagte: „Hallo, mein Mädel. Hast du schon auf mich gewartet?"

Melissa wandte den Kopf um, sah mich mit ihren großen, klugen Augen an – und nickte. Mir wurde ganz warm ums Herz. So geht es mir jedesmal, wenn Melissa mich so treu ansieht und auf meine Fragen antwortet.

„Was tun wir heute?" rief Karin in diesem Augenblick. Sie hatte Munter bereits gesattelt.

„Wir machen ein paar Springübungen, jeder für sich, und dann bringen wir die Bahn in Ordnung", rief Ingrid zurück.

Wir ritten eine halbe Stunde. Einige blieben auf

der Hindernisbahn, ein Teil ritt im Trab über die Seitenwege, und Elisabeth trainierte mit mir zusammen auf der Geländebahn. Anschließend frühstückten wir mit Saft und Buttersemmeln und überlegten, was wir den Tag über anfangen wollten.

„Ich finde, wir sollten heute die Springbahn säubern", sagte Ingrid noch einmal. „Die Hindernisse müssen endlich mit Wasser und Seife abgebürstet werden, sie sind völlig verschmutzt."

„Wenn die Bahn sauber ist, könnten wir eigentlich ein Turnier abhalten", schlug Marianne vor.

„Ja, aber vorher brauchen wir noch etwas Übung", erwiderte Elisabeth. „Zuerst bringen wir die Bahn in Ordnung, dann üben wir, und in ein paar Tagen halten wir dann das Turnier ab."

„Mit Zuschauern?" fragte Ingrid ein wenig ängstlich.

„Darüber müssen wir abstimmen", sagte Elisabeth. „Alle, die dafür sind, daß das erste Turnier des Ponyklubs vor Zuschauern stattfindet, heben die Hand."

Niemand meldete sich.

„Dann halten wir das Turnier also ohne Zuschauer ab", stellte Elisabeth fest.

„Das wird unsere erste Klubmeisterschaft", sagte Lena nachdenklich. „Sollten wir nicht auch Preise verteilen?"

„Ja!" riefen wir alle. „Wir müssen Preise aussetzen. Einen ersten, zweiten und dritten Preis im Springturnier des Ponyklubs!"

„Ruhe!" rief Elisabeth. „Als Vorsitzende schlage

ich vor, daß wir erst einmal die Bahn und die Hindernisse säubern. Wenn wir vom Abendessen zurückkommen, können wir uns über die Preise und alles übrige unterhalten. Und jetzt machen wir uns an die Arbeit!"

Wir holten Eimer, Seifen und Bürsten und scheuerten die Stangen der Hindernisse ab. Sie waren tatsächlich alle voller Schmutz und Lehm. In der Werkzeughütte fand Marianne noch ein paar

Die ganze Reitschule sollte vor Sauberkeit glänzen

Dosen mit Farbresten. Damit strichen wir die Balken, die am abgenutztesten aussahen, mit roter, grüner und weißer Farbe an.

Zum Mittagessen gab es gebratene Würstchen mit Brot; dann trainierten wir ein bißchen und fuhren anschließend mit unseren Fahrrädern zum Wald hinauf, um nach den Pferden zu sehen, die dort auf den Weiden grasten. Sie wirkten alle frisch und vergnügt und genossen ihre Sommerferien offensichtlich genauso wie wir.

Auf dem Rückweg zur Reitschule hielten wir immer wieder an, um die Koppelzäune zu überprüfen. Wenn nur einer der Zaunpfähle locker war und umstürzte, konnte es passieren, daß ein Pferd freikam und auf unerlaubte Abenteuer ging.

Zu Hause beim Abendessen war ich hungrig wie ein Wolf, und das Beefsteak mit Röstkartoffeln schmeckte mir herrlich.

„Von der Arbeit mit den Pferden bekommt man anscheinend großen Appetit", sagte Mama lachend.

„Mmmmmm", erwiderte ich nur – etwas anderes brachte ich nicht heraus, weil ich den Mund voll hatte.

Ich kaute langsam und wunderte mich darüber, daß es heute so ungewöhnlich still am Eßtisch war. Vater machte Überstunden; aber da er während des Essens sowieso kaum sprach, merkte man seine Abwesenheit eigentlich nicht sehr. Doch die Person, die sonst unaufhörlich dummes Zeug daherschwatzt – damit meine ich natürlich meinen Bruder Michael –, war ebenfalls nicht da.

Er liegt wahrscheinlich im Bett und ruht sich von seiner Geisterei aus, dachte ich. Bestimmt war er müde nach all dem Blödsinn. Eine Abreibung hätte ihm wirklich nicht geschadet; aber nachdem wir uns entschlossen hatten, uns nichts anmerken zu lassen, mußte ich mich leider beherrschen. „Wo ist eigentlich Michael?" fragte ich. „Ißt er heute nicht zu Abend?"

„Nein", erwiderte Mama und stellte eine Schale Zitronencreme vor mich hin. „Michael ist nicht zu Hause."

„Wo ist er denn?"

„Bei einem Freund. Gestern ist er schon weggefahren."

„Gefahren?" wiederholte ich.

„Ja, mit dem Zug. Ein Schulfreuhd hat ihn und noch ein paar Jungen in das Sommerhaus seiner Eltern eingeladen."

Ich starrte wie betäubt vor mich hin und fragte entsetzt: „War Michael gestern abend nicht daheim?"

„Nein", antwortete Mama. „Er und seine Freunde sind schon am frühen Nachmittag losgefahren."

Ein kalter Schauder lief mir über den Rücken.

„Was ist los mit dir, Kiki, was beunruhigt dich?" fragte meine Mutter. „Du siehst ja aus, als hättest du am hellen Tag ein Gespenst gesehen!"

„Nein...", sagte ich leise und konzentrierte mich auf meine Zitronencreme. „Es ist nichts Besonderes."

Ich machte mir noch rasch ein paar Butterbrote

Ob ich den anderen erzählen soll, daß Michael nicht der Spukgeist ist? überlegte Kiki

für den nächsten Tag zurecht und beeilte mich, Mamas besorgten Blicken zu entkommen.

Langsam radelte ich zum Reitstall zurück.

Was sollte ich tun? Sollte ich den anderen erzählen, daß Michael und seine Freunde weggefahren waren? Oder verschwieg ich es ihnen besser, um sie nicht unnötig zu erschrecken?

Ich entschloß mich, nichts zu sagen.

Aber natürlich konnte ich es nicht für mich behalten. Als wir die Pferde getränkt hatten und die Dunkelheit anbrach, setzten wir uns in den Klubraum und machten Pläne für das Springturnier. Mit einem Male platzte ich damit heraus und sagte ihnen alles – daß Michael und seine Freunde verreist waren und daß sie folglich letzte Nacht nicht gespukt haben konnten.

„Dann war's vielleicht ein richtiges Gespenst", sagte Anita leise.

„Es gibt keine Gespenster", erwiderte Marianne, aber ihre Stimme zitterte so, daß sie richtig schaurig klang.

„Ach", meinte Elisabeth, „wenn's nicht Michael und seine Freunde waren, können es doch ein paar andere Lümmel gewesen sein, die uns einen Schrecken einjagen wollten."

„Und welche Lümmel?" fragte Karin.

„Ich kenne nicht alle Jungs, die hier in Aspen wohnen", brummte Elisabeth gereizt. „Bestimmt wissen eine Menge Leute, daß wir hier im Heuschober übernachten."

Jede stieß nun die Namen von Jungen hervor, die gespukt haben konnten, und wir hätten vermutlich bis in alle Ewigkeit dagesessen und Namen heruntergeleiert, wenn Anita nicht plötzlich den Vorschlag gemacht hätte, schlafen zu gehen.

„Ja, auf in den Heuschober!" meinte auch Ingrid. „Vor dem Einschlafen können wir uns immer noch über das Turnier unterhalten und überlegen, welche Preise wir aussetzen wollen."

Diesem Vorschlag stimmten wir alle zu. Und ich war bestimmt nicht die einzige, die froh darüber war, daß wir so lange über das Springturnier und die Preise sprechen konnten, bis uns die Augen zufielen. Das bewahrte uns wenigstens davor, über den Spuk nachzudenken.

Das Gespenst kommt zurück

Ich dachte zuerst, ich hätte etwas Furchtbares geträumt. Doch im nächsten Augenblick begriff ich, daß es Wirklichkeit war – denn nun war ich wach und spürte wieder, wie eine feuchte, kalte Hand meine Stirn berührte!

Ich erschrak so, daß ich aufspringen und davonlaufen wollte. Doch meine Füße gehorchten mir nicht. Ich lag wie gelähmt da, unfähig, mich zu rühren.

Jetzt sterbe ich vor Schreck! dachte ich.

Das einzige Geräusch, das ich hörte, war das wilde Klopfen meines eigenen Herzens – und die ganze Zeit fühlte ich den Druck der feuchten Hand gegen meine Stirn. Ich wagte den Kopf nicht zu bewegen, um nachzusehen, zu welchem Ungeheuer diese Hand gehörte.

Dabei war ich überzeugt, daß es nur noch Sekunden dauern konnte, bis die Hand zu meinem Hals hinunterglitt, um mich zu erwürgen!

Die Sekunden verrannen. Starr vor Schreck blieb

ich liegen und wartete darauf, daß etwas Entsetzliches geschehen würde ... und da passierte es!

Die kalte, feuchte Hand löste sich von meiner Stirn; im nächsten Moment wurde ich am Ohr gezupft und hörte eine Stimme flüstern: „Kiki, bist du wach?"

Ich erkannte die Stimme wieder. Sie gehörte keinem Ungeheuer; es sei denn, Karin hatte sich verkleidet. Denn es war ihre Stimme.

Langsam wandte ich mich um und schaute mit halbgeschlossenen Augen zum Schlafsack hinüber, der neben dem meinen lag.

Karin hatte sich auf den einen Ellbogen gestützt und den anderen Arm nach mir ausgestreckt.

„Bist du wach?" flüsterte sie wieder.

„Bist du verrückt geworden?" zischte ich und merkte, wie sich meine Angst in Wut verwandelte. „Du hast mich fast zu Tode erschreckt!"

Ich holte tief Luft und wollte ihr gerade einen Vortrag darüber halten, wie kindisch und dumm sie sich benommen hatte, doch ehe ich noch ein Wort herausbringen konnte, machte sie „Psst!" und deutete zum Fenster hin.

Als ich den Kopf hob und ihrem Zeigefinger mit dem Blick folgte, verschwand meine Wut im Handumdrehen, und die Furcht kam mit Blitzgeschwindigkeit zurück. Denn dort hinter der Fensterscheibe zeigte sich ein langer, bleicher Arm mit gespreizten grünen Fingern!

Der Arm bewegte sich langsam vor und zurück, und die Hand öffnete und schloß sich im Takt.

So lautlos wie die gespenstische Hand auftauchte, verschwand sie auch wieder

Es war, als würde sie uns auf eine gräßlich lockende Weise zuwinken.

Der weiße Arm rührte sich lautlos; im Schuppen war es völlig still. Doch plötzlich erklang wieder ein grausiger, greller Schrei, und ich warf mich ins Heu zurück und verbarg mein Gesicht in den Händen.

Der schrille Schrei hallte vom Dachgebälk wider. Ich bekam fast Lust, selbst zu schreien. Doch da hörte ich eine kräftige Stimme rufen: „Ruhe!"

Ich zog die Hände vom Gesicht, wagte jedoch nicht, mich aufzusetzen. Ich streckte nur den Arm aus, ergriff Karins Hand und umklammerte sie fest.

Was würde jetzt geschehen?

Ein paar Sekunden herrschte Totenstille; dann raschelte es im Heu, und jemand hustete leise. Alle lauschten – und dann hörten wir Elisabeths Stimme.

„Wir müssen uns ganz still verhalten und dürfen nicht schreien."

„Wer hat vorher geschrien?" wisperte ich.

„Ich war das", antwortete Anita schluchzend.

„Und wer hat ‚Ruhe' gerufen?" wollte ich wissen.

„Ich", sagte Elisabeth. „Wenn einer von uns zu schreien anfängt, dann kreischen wir bald alle gemeinsam los und fürchten uns so, daß wir völlig durchdrehen."

„Was sollen wir nur machen?" Ingrid streckte einen zitternden Finger gegen das Fenster aus.

Der lange, gespenstische Arm bewegte sich noch immer vor der Scheibe hin und her. Etwas Weißes umflatterte ihn, und die gespreizten Finger leuchteten grün.

„Ich will nach Hause!" weinte Anita.

„Der Weg führt am Fenster vorbei", erwiderte Elisabeth.

Dann sagte lange Zeit niemand ein Wort.

Ich starrte auf den scheußlichen Arm und die drohend gekrümmten Finger. Wie lange würde dieser Spuk noch dauern?

„Es ist zwei Uhr", sagte Elisabeth mit durchdringendem Flüstern. „In ungefähr einer Stunde geht die Sonne auf. Dann können wir hinausschleichen und einen Blick auf das Gespenst werfen, falls es noch da ist."

Ich konnte nicht begreifen, wie sie es fertigbrachte, so ruhig zu sprechen. Ich selbst brachte kein einziges Wort heraus, weil meine Zähne vor Schreck aufeinanderschlugen. Ich warf Karin einen Blick zu. Sie sah ebenfalls alles andere als mutig aus. Ja, ihr Gesicht leuchtete richtig weiß in der Dunkelheit.

„Eigentlich gibt es doch gar keinen Grund, sich vor dem Gespenst zu fürchten, solange es vor dem Fenster herumspukt", fuhr Elisabeth fort. „In einer Stunde ist es sicher verschwunden, denn bis jetzt hat man doch noch nie davon gehört, daß Gespenster bei Tageslicht auftauchen, oder?"

Keiner antwortete.

Alle starrten wie gebannt auf die Hand, deren grünschimmernde Finger nach etwas Unsichtbarem zu greifen schienen.

„Wenn wir noch lange hier sitzen und auf diese greuliche Hand starren müssen, kriege ich einen Schock fürs ganze Leben", sagte Ingrid.

„Wir können uns gegenseitig ansehen und laut und langsam zählen", schlug Elisabeth vor. „Und jedesmal, wenn wir bis hundert gezählt haben, können wir nachsehen, ob die Hand noch immer da ist oder ob die Sonne schon aufgeht. Jetzt fangen wir an: eins, zwei, drei, vier ..."

Unsere Stimmen klangen anfangs dünn und unsicher, doch als wir zum erstenmal bis hundert gezählt, einen hastigen Blick zum Fenster geworfen hatten und den Arm noch immer hin und her schwingen sahen, wurde es ein wenig besser. Und plötzlich zählten wir so gleichmäßig und rhythmisch, daß wir den Spuk beinahe vergaßen.

Als wir zum viertenmal bis hundert gezählt hatten, erhob sich Elisabeth und sagte: „Die Sonne geht auf!"

Alle sahen zum Fenster. Die Sonne glänzte in der Scheibe – und der Geisterarm war fort!

„Kommt, wir schleichen uns hinaus und sehen nach, ob das Gespenst Spuren hinterlassen hat", rief Karin, die plötzlich gar nicht mehr blaß war.

„Mut ist manchmal das gleiche wie Dummheit", sagte Anita vorsichtig. „Ich bleibe in der Scheune."

„Ich glaube, ich verschwinde jetzt nach Hause und schlafe in meinem Bett", murmelte Marianne.

„Ich auch!" erklang es tief im Heu.

„Ich will auch heim", sagte eine andere.

„Das ist wirklich das Dümmste, was ich je gehört

habe", meinte Elisabeth. „Ist euch denn nicht klar, daß ihr ausgelacht werdet, wenn ihr um drei Uhr morgens nach Hause kommt und behauptet, daß ihr ein Gespenst gesehen habt? Eure Eltern werden euch wie Kleinkinder behandeln, und bestimmt dürft ihr jahrelang nur mehr daheim übernachten, wenn ihr jetzt davonlauft und eine wilde Geschichte von einem weißen Arm mit grünen Fingern erzählt. Und was wird Herr Erik sagen, wenn er hört, daß die Mädchen vom Ponyklub sich im Dunkeln so gefürchtet haben, daß sie nach Hause gelaufen sind?"

Beschämtes Schweigen breitete sich im Heuschober aus.

„Aber", sagte Marianne nach ein paar Minuten zweifelnd, „wir haben doch wirklich ein Gespenst gesehen. Das haben wir uns ja nicht bloß eingebildet!"

„Bestimmt wird uns das keiner glauben", sagte ich. „Wir werden sicher nur ausgelacht, Elisabeth hat recht."

„Und was sollen wir jetzt tun?" fragte Anita.

„Wenn es wirklich nur ein paar Jungs waren, könnten wir vielleicht auf irgendeine Weise versuchen, sie zu erwischen."

„Und wenn es nicht nur ein dummer Spaß ist?" unterbrach sie Lena.

Eine Zeitlang war es still; dann sagte Elisabeth: „Warum sollte hier ein richtiges Gespenst umgehen? Und gerade vor unserem Fenster?"

„Ja, das ist das Geheimnisvolle an der Sache",

fügte ich hinzu. „Bis jetzt hat noch nie jemand behauptet, daß es im Heuschober spukt. Aber kaum schlafen wir hier, geistert es plötzlich jede Nacht. Warum?"

Alle sahen besorgt und nachdenklich aus.

„Am besten schlafen wir jetzt noch etwas", meinte Elisabeth schließlich. „Mit ein paar Stunden Schlaf können wir bestimmt klarer denken; vielleicht fällt uns dann ein, wie wir dieses Gespenst richtig erschrecken könnten."

Die Sonne schien hell durch das staubige kleine Fenster, und plötzlich kam uns der ganze Spuk unwirklich vor. Aber es war ja wirklich geschehen! Während ich in meinem Schlafsack lag und nachdachte, wie wir an dem Nachtgespenst Rache nehmen könnten, spürte ich, wie mich die Müdigkeit überkam – und plötzlich war ich eingeschlafen.

Der Ponyklub stellt eine Falle

Ich erwachte von einem wahnsinnigen Kitzeln unter der Nase. Als ich die Augen öffnete, stand Elisabeth neben mir und fuhr mir mit einem Strohhalm über das Gesicht.

„Paß nur auf", murmelte ich, „daß ich dir heute abend nicht ein paar Ameisen in den Schlafsack stecke!"

„Wag es bloß nicht!" sagte sie und lachte.

„Klar wage ich es", versicherte ich und richtete mich auf. „Ich habe keine Angst."

„Bei Tageslicht sind wir alle tapfer." Plötzlich sah Elisabeth ernst aus. „Es ist viel schwieriger, bei Dunkelheit Mut zu haben."

Ich ging in den kleinen Waschraum hinaus und fragte: „Was wollen wir eigentlich gegen den Spuk unternehmen?"

„Darüber reden wir am besten gemeinsam beim Frühstück", antwortete sie und machte sich daran, die anderen Mädchen zu wecken, die noch schliefen.

Ich tauchte das Gesicht ins kalte Wasser. Eigentlich finde ich das Waschen morgens immer scheußlich, aber kaltes Wasser ist das einzige, wovon ich richtig wach werde. Und ich halte es für Zeitverschwendung, im Halbschlaf herumzuspazieren, wenn man Ferien hat und mit den Menschen und Tieren beisammen sein kann, die man am liebsten mag.

Natürlich mußte ich dann zur Koppel laufen und Melissa begrüßen. Sie kam gleich zu mir herüber, und ich bewunderte wie immer die reinen, schönen Linien ihres Körpers und ihre anmutige Haltung. Als Melissa ganz dicht bei mir war, blieb sie stehen, legte den Kopf schief und sah mich aus halbgeschlossenen Augen erwartungsvoll an. Doch ich kitzelte sie nur unter der Nase und sagte tröstend: „Nein, heute wird nichts aus unserem Morgenritt. Aber in einer Stunde komme ich zurück, dann trainieren wir ein bißchen. Friß jetzt schön, damit du vor dem Turnier richtig üben kannst."

Auf dem Weg zum Heuschober traf ich Ingrid und Anita, die einen Schubkarren mit vier Eimern voll Wasser vor sich herschoben. Heute waren sie an der Reihe, die Pferde zu tränken.

„Bleibt nicht zu lange auf der Koppel", sagte ich. „Wir müssen gleich etwas Wichtiges besprechen."

„Wissen wir schon", antworteten sie. „Elisabeth hat uns gesagt, daß wir uns beeilen sollen. Aber mit dem Schubkarren können wir nicht durch die Gegend rasen. Ihr müßt schon warten, bis wir fertig sind."

Ich nickte und holte mein Butterbrotpaket aus dem Heuschober. Die anderen saßen bereits auf der Wiese vor der Stalltür und frühstückten.

Als Karin und Ingrid zurückkamen, sagte Marianne gerade: „Wer weiß, ob es ein richtiges Gespenst war. Es können genausogut ein paar Jungs gewesen sein."

„Was es auch war, wir müssen etwas unternehmen, damit der Spuk aufhört", sagte ich. „Ich möchte in der Nacht schlafen, damit ich tagsüber richtig reiten kann. Und außerdem lasse ich mir nicht gern Angst einjagen."

Die anderen nickten.

„Wie wär's, wenn wir eine Wache aufstellen würden?" meinte Lena ein wenig zweifelnd.

„Ja, das ist gut! Vielleicht könnten wir die Pferde nachts vor dem Heuschober freilassen?" rief Anita begeistert.

„Bist du verrückt geworden?" sagte Ingrid. „Wenn es ein wirkliches Gespenst ist, bekommen die Pferde einen so furchtbaren Schrecken, daß sie für alle Zeit verdorben sind. Du weißt ja, daß Pferde viel leichter zu ängstigen sind als Menschen."

„Daran habe ich nicht gedacht", erwiderte Anita bekümmert. „Aber was sollen wir sonst tun? Ich bin genauso schreckhaft wie ein Pferd – ich traue mich jedenfalls nicht, Wache zu halten, wenn es dunkel ist."

Wir murmelten alle, daß wir die Vorstellung ebenfalls nicht besonders verlockend fänden, die ganze Nacht über zu wachen und auf ein Gespenst zu warten.

„Aber irgend etwas müssen wir uns einfallen lassen", sagte Ingrid mit Festigkeit. „Wir müssen uns zusammennehmen und scharf nachdenken."

Alle starrten vor sich hin und überlegten angestrengt – und plötzlich kam mir ein Einfall!

„Wir spannen vor dem Heuschober eine Menge Schnüre und Fäden über den Boden. Darüber stolpert jeder, der nachts ans Fenster kommt, und macht einen Höllenspektakel. Dann können wir nachsehen, wer da liegt und flucht und sich in unsere Schnüre verwickelt hat!"

„Prima!" riefen alle wie aus einem Mund.

„Hoffentlich fällt das Gespenst dabei ordentlich auf die Nase", sagte Ingrid. „Könnten wir nicht ein paar große Steine draußen verteilen, damit es lauter blaue Flecke bekommt?"

„Wenn jemand dort plötzlich Steine liegen sieht, die vorher nicht da waren, wird er vielleicht mißtrauisch und entdeckt unsere Falle", wandte ich ein.

„Ja, da hast du wahrscheinlich recht – leider", gab Ingrid zu. „Aber er hätte schon einen richtigen Denkzettel verdient."

„Er?" wiederholte Elisabeth. „Und wenn es eine ‚sie' ist?"

„Alle Gespenster sind Jungen oder Männer", sagte Ingrid.

Karin schüttelte den Kopf. „Nein, das stimmt nicht. Hast du noch nie von der Weißen Frau gehört? Die ist doch bestimmt kein Mann!"

„Ein Gespenst ist ein Gespenst", meinte Elisabeth. „Ganz gleich, ob es männlich oder weiblich ist, Hauptsache, daß es uns in die Falle geht. Ich finde, wir sollten jetzt alle Schnüre und Nähfäden von zu Hause holen. Wenn jemand wissen will, wozu wir den Faden brauchen, sagen wir einfach, wir wollen an unseren Pferdedecken etwas ausbessern. Und die Schnüre brauchen wir eben für unsere Ausrüstung."

Wir radelten heimwärts, und es gelang mir ohne weiteres, je eine Rolle Schnur und Nähfaden zu stibitzen.

Da ich schon einmal daheim war, strich ich mir gleich ein paar Butterbrote und belegte sie dick mit kaltem Schweinebraten, nahm mir noch zwei Stück Kuchen und machte mich dann wieder auf den Weg zum Reitstall.

„Der Ponyklub stellt seine erste Falle!" murmelte

Lena mit übertrieben schauriger Stimme, als wir uns alle versammelt hatten.

„Ich glaube, wir sollten die Schnüre jetzt noch nicht spannen", sagte ich. „Am besten warten wir damit bis zum Abend, sonst fällt noch ein Unschuldiger darüber. Außerdem müßte jeder von uns noch zwei kleine Stöcke auftreiben, die gerade so stark sind, daß man sie in den Boden rammen und die Schnüre daran festbinden kann."

„Wie lang sollen sie sein?" fragte Karin.

„Nicht höher als das Gras", erwiderte ich, „sonst sieht man sie ja."

Zufrieden gingen wir zur Koppel, sattelten unsere Pferde und ritten auf die Springbahn, um zu trainieren.

Heute war Karin an der Reihe, den Unterricht abzuhalten, und sie nahm es mit ihrer Arbeit sehr genau. Sie behielt uns alle im Auge und gab jedem besondere Anweisungen.

„Sitz nicht so angespannt auf dem Pferd, Ingrid, du mußt ganz locker in den Hüften sein!"

„Lena, bleib im Sattel, damit du schnelle Wendungen ausführen kannst!"

Sie sah natürlich auch meinen alten Fehler und rief mir zu: „Kiki, du darfst dich nicht so weit vorbeugen. Lehne dich gut zurück!"

Karin war sehr kritisch und sah eine Menge Einzelheiten im Springtraining, die besser werden mußten: „Drücke die Fersen stärker abwärts, Marianne. Die Steigbügel sollen unter dem Mittelfuß sitzen."

„Nicht so steif in den Knien, Anita!"

Nach dem Mittagessen übte jeder für sich allein. Melissa ist ein gutes Springpferd. Die Hindernisbahn gefällt ihr, und sie ist bei den Übungen meistens guter Laune und voller Energie.

Als wir uns am Nachmittag vor dem Stall versammelten, sprachen wir wieder über das bevorstehende Turnier.

Insgeheim hoffte natürlich jeder, Sieger zu werden, aber die meisten von uns tippten auf Elisabeth. Sie selbst war ihrer Sache nicht so sicher. „Es hängt sehr viel vom Wetter ab", meinte sie. „Wenn es regnet, verlieren Star Dust und ich bestimmt, weil er die Nässe nicht leiden kann. Bei Regen haben Kiki und Melissa die beste Chance."

Ich zuckte mit den Schultern, freute mich im stillen aber doch über Elisabeths Bemerkung.

„Wenn's zu sehr regnet, sollten wir das Turnier verschieben", mischte sich Lena ein, deren Pferd Charlie groß und schwer ist und bei nasser Weglage leicht ausrutscht.

„Ich finde es abscheulich, wenn es so heiß ist, daß man bei jeder Bewegung einen Schweißausbruch bekommt", meinte Marianne. „Am besten wär's, wenn wir den Wettkampf nicht bei zu großer Hitze abhalten würden."

„Und wenn es zu windig ist?" fragte Ingrid.

Da konnte ich mich nicht länger beherrschen und fing zu kichern an. „Ihr seid ja übergeschnappt!" sagte ich. „Gibt es überhaupt ein Wetter, das euch allen dreien paßt?"

Sie sahen sich nachdenklich an und brachen plötzlich in schallendes Gelächter aus.

Anita sah auf die Uhr. „Ich glaube, es ist gleich Zeit zum Abendessen. Sollen wir die Falle noch aufstellen, ehe wir nach Hause gehen?"

Ein paar Minuten später rammten wir vor der Tür des Heuschobers die ersten Stöckchen in den Boden und spannten dann kreuz und quer Schnüre und Fäden. Anschließend rupften wir noch drüben am Hang Gras aus und verstreuten es dort, wo man die Stöcke und Schnüre durchschimmern sah. Nur neben der Schuppenwand ließen wir einen schmalen Weg frei, damit wir zu unseren Schlafsäcken kommen konnten.

„Das entdeckt bestimmt kein Mensch!" sagte Ingrid.

„Ein Gespenst vielleicht doch", murmelte Anita vorsichtig.

„Pah!" rief Lena.

„Wenn man genau hinsieht, merkt man schon, daß mit der Wiese vor dem Fenster und der Tür etwas nicht ganz stimmt", sagte ich.

„Gespenster schauen sich nicht so genau um", versicherte Lena.

„Und außerdem ist es nachts dunkel, da sieht man von unserer Falle bestimmt keine Spur", meinte Elisabeth.

„Wollen wir's hoffen", sagte ich.

Das unheimliche Gesicht am Fenster

Ich muß zugeben, daß wir an diesem Abend sehr beruhigt und selbstzufrieden ins Heu krochen. Bald würde das Ungeheuer eine unangenehme Überraschung erleben – und darauf freuten wir uns!

„Was passiert eigentlich, wenn das Gespenst uns in die Falle gegangen ist?" fragte Anita.

„Wahrscheinlich stößt es eine Menge Flüche aus", kicherte ich.

„Sollen wir hinausgehen und uns denjenigen ansehen, der sich da in unsere Schnüre verwickelt hat?" überlegte Karin.

„Das kommt ganz darauf an, wer es ist und wie wütend er ist", sagte Elisabeth. „Und ob das Gespenst ein paar Freunde dabei hat."

„Wenn es mehrere sind, gehen wir vielleicht lieber nicht aus der Scheune und lachen sie aus, sonst werden sie womöglich böse und schlagen um sich", fügte ich hinzu. „Und mit einer ganzen Horde Jungs auf einmal werden wir kaum fertig."

„Ich glaube, darüber brauchen wir uns jetzt nicht den Kopf zu zerbrechen", meinte Elisabeth. „Warten wir ab, was passiert."

„Sollen wir wach bleiben?" fragte Lena.

„Wir unterhalten uns noch ein bißchen. Und falls wir einschlafen, macht es nichts; wenn's losgeht, werden wir sowieso vom Lärm wach."

Ich war völlig ruhig, und den anderen ging es offensichtlich ebenso. Wir lachten, unterhielten uns über Pferde, erzählten lustige Geschichten und waren richtig vergnügt – und plötzlich schliefen ein paar von uns ein. Die Dunkelheit verdichtete sich; ich merkte, wie mich ebenfalls die Müdigkeit überkam. Als ich auf meine Armbanduhr sah, war es halb zwölf. Ich kroch in meinen Schlafsack und schloß die Augen.

Wie lange ich geschlafen hatte, weiß ich nicht. Plötzlich erwachte ich mit einem Ruck und setzte mich auf. Irgend etwas stimmte nicht – aber was war es? Hatte ich ein Geräusch oder einen Schrei gehört?

Als ich mich umsah, merkte ich, daß sich fast alle anderen ebenfalls aufgerichtet hatten. Und sie starrten auf das Fenster!

Ich schaute ebenfalls hin. Mein Herzschlag setzte beinahe aus!

Denn durch die Fensterscheibe stierte ein gräßliches Gesicht zu uns herein. Die Wangen leuchteten grün und sahen aus, als wären sie von Seegras und Schleim bedeckt. Die Zähne waren widerlich lang und blitzten wie scharfe Messer. Die Augen wirkten groß und rot und starrten mit irrem Ausdruck ins Leere.

Ich konnte den Blick nicht abwenden. Meine Augen schmerzten, mein Hals war trocken, und meine Zunge fühlte sich wie ein unförmiger Klumpen an. Kalte Schauer liefen mir über den Rücken, und meine Arme waren schwer wie Blei.

Ich saß wie hypnotisiert da und brachte es nicht einmal fertig, mich umzudrehen, um festzustellen, wie die anderen reagierten. Aber vermutlich waren sie ebenfalls starr vor Schreck, denn ich hörte nicht einen einzigen Laut.

Wie verhext starrte ich auf das Gespenstergesicht.

Und plötzlich war mir, als würde es größer und größer und käme näher und immer näher...

Und dann begann alles um mich zu kreisen! Ich fühlte mich wie in einem Karussell, das sich mit wahnsinniger Geschwindigkeit dreht. Ich wollte aufstehen — aber ehe ich mich bewegen konnte, schien ich einen harten Schlag auf den Kopf zu bekommen!

Und alles wurde schwarz.

Als ich wieder zu Bewußtsein kam, war es hell. Karin und Elisabeth saßen neben mir. Ich sah sie verwundert an.

„Was ist passiert?" fragte ich. „Ich muß etwas Furchtbares geträumt haben. Mir war, als hätte ich ein abscheuliches Gespenstergesicht am Fenster gesehen. Als es näher kam, versuchte ich aufzustehen, und dann wurde es schwarz um mich."

„Du bist ohnmächtig geworden", sagte Karin.

„Tatsächlich?"

„Ja, mitten in der Nacht. Du hast ganz komisch gekeucht, bist zurückgefallen und steif wie ein Stock liegengeblieben."

„Mitten in der Nacht?" wiederholte ich. „Aber es ist ja schon Morgen! Was passierte dann?"

„Du hast geschlafen", sagte Karin. „Ich hörte, daß dein Atem wieder ruhiger ging, und da fanden wir es am besten, dich schlafen zu lassen."

„Aber das Gesicht am Fenster?" fuhr ich fort. „Habe ich das nur geträumt?"

„Es war kein Traum", sagte Elisabeth ernst. „Wir haben es auch gesehen."

Ich setzte mich auf und lauschte. Kein Laut war zu hören. Es mußte also ein richtiges Gespenst gewesen sein, da es nicht über unsere Schnüre gestolpert war – oder was war mit der Falle geschehen?

„Aber unsere Falle?" fragte ich.

Elisabeth nickte und sah mich nachdenklich an. „Sie ist niedergetrampelt."

Ich seufzte erleichtert und sagte: „Das bedeutet doch, daß es kein echtes Gespenst war, sondern nur ein Mensch, der uns erschrecken wollte, nicht wahr?"

„Ich weiß nicht", erwiderte Elisabeth. „Es ist doch seltsam, daß die Person, die gespukt hat, offenbar alle Schnüre und Fäden sah, obwohl es dunkel war."

„Ingrid und Marianne meinen, ein Tier könnte unsere Schnüre niedergetreten haben, und das Gespenst war vielleicht doch echt."

„Warum glauben sie das?"

„Keine Ahnung. Vielleicht, weil sie sich fürchten."

„Das wundert mich nicht", sagte ich. „Es war ein ganz gräßliches Gesicht! Ich bin so erschrocken, daß ich wie gelähmt war und ohnmächtig wurde. Was sollen wir tun?"

„Ich glaube, wir sollten noch einmal hier übernachten", meinte Elisabeth. „Wenn wir das Rätsel dann noch nicht gelöst haben, bleibt uns wohl nichts anderes übrig, als in Zukunft zu Hause zu schlafen. So kann es nicht weitergehen."

„Sind alle damit einverstanden, noch eine Nacht hierzubleiben?" fragte ich, stand auf und ging aus der Scheune.

Elisabeth und Karin folgten mir, ohne zu antworten.

Ich wusch mich, putzte mir die Zähne und sagte: „Ich weiß selbst nicht so genau, ob ich Lust habe, mich noch mal so erschrecken zu lassen."

„Ich habe eine Idee", sagte Elisabeth und ließ sich vor dem Waschraum auf einen Stein sinken. „Setz dich neben mich, Kiki, dann erkläre ich es dir."

Ich folgte ihrer Aufforderung und hörte mir ihren Plan an.

Ihrer Meinung nach sollten sich zwei oder drei von uns während der Nacht unter einem Busch außerhalb der Scheune verstecken.

Wenn es wirklich ein richtiges Gespenst war, spielte es ihrer Meinung nach keine Rolle, ob wir innerhalb oder außerhalb des Heuschobers lagen; und wenn es Menschen waren, die sich als Gespenster verkleidet hatten, konnten wir sie vielleicht entlarven.

„Was meinst du dazu?" fragte sie schließlich.

Ich wußte es nicht so recht.

„Hm. Und wer soll unter den Büschen liegen?" erkundigte ich mich nach einer Weile.

„Drei Freiwillige", sagte Elisabeth.

„Hast du schon mit den anderen darüber gesprochen?"

„Ja, vorher, als du noch geschlafen hast."

Ich wandte mich an Karin. „Willst du heute nacht draußen bleiben?"

Sie machte ein erschrockenes Gesicht. „Nein, das traue ich mich nicht!"

Ich nickte.

Elisabeth sagte gar nichts.

Wir schwiegen eine Weile, bis ich aufstand und erklärte: „Jetzt gehe ich zu Melissa. Nach so einer Nacht muß man reiten, um wieder ins Gleichgewicht zu kommen."

„Kommst du auf die Springbahn?" fragte Karin.

„Ja", erwiderte ich, drehte mich um und sah, daß Marianne und Ingrid gerade von der Koppel hinter der Dressurbahn auf die Hindernisse zuritten.

Karin lief zu ihnen hinunter.

Elisabeth tippte mir auf die Schulter. „Wart ein bißchen", sagte sie. „Ich werde mich heute nacht unter einen Busch legen und aufpassen."

„Aha." Ich tat einen Schritt vorwärts.

„Willst du in der Scheune schlafen?" fragte sie und sah mir direkt in die Augen.

„Ich weiß nicht", sagte ich und fühlte mich gar nicht wohl in meiner Haut.

„Hast du Angst?"

Ich atmete tief – und ehe ich es recht bedachte,

antwortete ich: „Nein, ich habe keine Angst. Ich übernachte gern draußen im Freien."

Und kaum hatte ich das gesagt, da bereute ich es auch schon. Aber jetzt war es zu spät, noch einen Rückzieher zu machen. Elisabeth lächelte mir zu, und gemeinsam machten wir uns auf zur Koppel, um Figaro und Melissa zu holen.

Meine Schritte wurden immer schwerer und langsamer, denn ich stellte mir schon jetzt all die Greuel vor, die uns vielleicht in der kommenden Nacht erwarteten. Doch plötzlich kam ich auf andere Gedanken, denn Karin stand am Gatter und rief uns etwas zu. Sie hatte versucht, fünf Pferde gleichzeitig zu führen; jetzt konnte sie sie nur mit aller Mühe zusammenhalten. Karin schrie: „Die Pferde waren heute nacht unterwegs! Kommt her und helft mir, sie in den Stall zu bringen, damit wir den Zaun überprüfen können!"

Elisabeth und ich rannten los. Ich packte Melissa mit der einen Hand und das Reitschulpferd Dunder mit der anderen. Elisabeth griff nach Figaro und dem alten, verläßlichen Domino und kümmerte sich um ihren Munter.

Im Stall untersuchten wir sofort, ob eines der Pferde sich beim nächtlichen Ausflug verletzt hatte. Alle waren gesund und munter mit Ausnahme von Melissa, bei der ich eine lange Schramme über der Vorderbrust feststellte. Mit ziemlicher Sicherheit war es also Melissa gewesen, die den Zaun niedergerissen hatte. Die Wunde ging glücklicherweise nicht tief. Es handelte sich nur um einen oberflächlichen Kratzer, den ich mit Desinfektionsmittel behandelte. Sie stand während der ganzen Prozedur ruhig da und schien nur verwundert darüber zu sein, daß sie plötzlich wieder im Stall stehen mußte.

Wir liefen zur Koppel, auf der die fünf Pferde während der Nacht gewesen waren, und kontrollierten den Zaun. Ganz hinten waren zwei Pfosten umgestürzt. Wir stellten sie wieder auf und rollten ein paar Steine in das Loch, damit die Latten zusätzlichen Halt bekamen.

„Die kann Melissa bestimmt nicht mehr umreißen", sagte ich. „Wo waren die Pferde eigentlich, als du sie entdeckt hast?"

„Nur ein paar Meter außerhalb der Koppel", erwiderte Karin. „Sie grasten ganz ruhig."

„Ich weiß nicht, warum sie immer unbedingt von der Weide weg wollen", sagte Elisabeth. „Sie haben doch Unmengen von saftigem Gras."

„Das Gras ist auf der anderen Seite des Zaunes immer grüner und besser!" lachte Karin.

„Wir haben Glück gehabt, daß sie nicht auf die Landstraße gelaufen sind", sagte ich. „Das hätte leicht ein Unglück geben können."

„Ach, sag so was nicht!" stöhnte Karin. „Es macht mich immer ganz krank, wenn ich mir vorstelle, was alles passieren kann, wenn ein Pferd auf die Straße läuft und es kommt ein Auto angefahren."

Elisabeth seufzte. „Du liebe Zeit, können wir nicht von etwas Erfreulicherem reden?" sagte sie.

Wer steckt hinter dem Spuk?

Wir übten natürlich während des Tages weiter für unser Turnier, doch ich konnte mich nicht richtig auf Pferd und Hindernisse konzentrieren, weil ich immerzu an die kommende Nacht denken mußte. Im Freien unter einem Busch zu liegen und dem Gespenst aufzulauern hieß ja, sich in Lebensgefahr zu begeben! Wahrscheinlich wäre es am klügsten gewesen, wenn ich am Spätnachmittag so getan hätte, als wäre mir plötzlich sehr übel. Dann hätte ich zu Hause in meinem Bett übernachten können ... Aber ich habe eigentlich noch nie gern krank gespielt – und wenn Elisabeth es wagte, die Nacht draußen zu verbringen, dann durfte ich auch nicht feige sein.

Doch was sollten wir tun, wenn das Gespenst uns sah? Wohin sollten wir laufen – hinein in den Heuschober oder hinaus auf die Landstraße?

Und wenn es uns zu fassen bekam, was dann? Was machen Gespenster mit gefangenen Mädchen?

Vor lauter Nachdenken trainierte ich nicht mit der üblichen Energie, und Melissa merkte das auch, denn sie drehte öfter den Kopf nach hinten und sah mich verwundert an.

„Entschuldige", sagte ich zu ihr, beugte mich vor und strich ihr über die Mähne. „Heute bin ich einfach nicht richtig in Form. Dafür müssen wir uns morgen doppelt anstrengen, damit wir im Turnier einigermaßen gut abschneiden."

Falls morgen nach der nächtlichen Spukerei überhaupt ein Turnier stattfindet! dachte ich bei mir.

Die Stunden vergingen in Windeseile, und ehe ich mich versah, war der Abend gekommen. Ich radelte wie stets nach Hause und lieh mir die Stoppuhr meines Vaters für das Turnier. Beim Abendessen brachte ich kaum etwas hinunter, denn ich verliere immer den Appetit, wenn ich aufgeregt bin.

Ich war kein bißchen hungrig; trotzdem spürte ich ein leeres, saugendes Gefühl im Magen, als es an der Zeit war, sich im Gebüsch zu verstecken. Keines der anderen Mädchen hatte Lust, Elisabeth und mir Gesellschaft zu leisten; alle fünf wollten in der Scheune übernachten.

„Kiki, wenn das Gespenst dich wegzaubert, bekomme ich dann Melissa?" erkundigte sich Ingrid lachend.

„Mit solchen Sachen spaßt man nicht", mahnte Anita bedrückt.

Ich sagte gar nichts.

Elisabeth hatte schon den Platz für unser Nachtlager ausgewählt: einen großen, wildwachsenden Jasminstrauch, der nicht weit vom Schuppen entfernt stand. Seine dichtbelaubten Zweige hingen wie ein grüner Vorhang auf die Wiese hinab.

„Hier entdeckt uns keiner", sagte sie und zog ein paar Disteln aus dem Boden.

„Ihr werdet die ersten sein, die ein Gespenst von hinten zu sehen bekommen", erklärte Karin.

Lena kam mit einer weißen Rolle unter dem Arm und sagte: „Hier sind meine beiden Bettlaken. Ihr könnt euch hineinwickeln und aufspringen und aus vollem Halse schreien, falls der Spuk nur aus ein paar Lausebengeln besteht. Denen würde es nichts schaden, wenn wir ihnen alles mit gleicher Münze heimzahlen würden, meint ihr nicht auch?"

Elisabeth nickte und nahm entschlossen die Laken entgegen.

„Aber falls das Gespenst echt ist, wäre es vielleicht besser, wenn ihr nicht versuchen würdet, es zu erschrecken", mischte sich Karin ein. „Weil man nicht genau wissen kann, was dann passiert."

„Das Gespenst könnte furchtbar wütend werden", fügte Marianne hinzu und lachte.

„Seid vorsichtig, daß ihr nicht weggezaubert werdet", empfahl uns Ingrid mit breitem Grinsen. „Wir möchten doch, daß ihr morgen beim Turnier mitmachen könnt."

„Wie aufmerksam von euch!" sagte Elisabeth mit einer so übertrieben freundlichen Stimme, daß es richtig verärgert klang. „Aber ihr solltet euch nicht so viele Sorgen um uns machen, sondern euch lieber um euch selbst kümmern. Denn stellt euch mal vor, das Gespenst entschließt sich, heute nacht im Heuschober zu spuken – dann sieht die Sache schlecht für euch aus! Wenn ich euch also jetzt einen Rat geben darf, dann verschwindet ihr am besten gleich in die Scheune und schließt die Tür ordentlich von innen. Und vergeßt nicht, den großen Riegel vorzuschieben!"

„Komm, laß uns nicht böse aufeinander werden", erwiderte Ingrid. „Natürlich ist es für euch nicht angenehm, draußen zu übernachten und dafür noch aufgezogen zu werden, aber wir wollten euch doch nur aufmuntern."

Elisabeth lächelte, und ich sagte: „Das ist wirklich reizend von euch, aber ihr müßt auch verstehen, daß man von der Aussicht ziemlich nervös wird, unter einem Busch liegen und auf ein Gespenst warten zu müssen. Deshalb ist es vielleicht besser, wenn ihr uns nicht aufmuntert, denn wir sind im Moment ein bißchen empfindlich. Haltet uns lieber die Daumen."

„Das tun wir ganz bestimmt!" versicherten sie. „Also dann, gute Nacht bis zum Sonnenaufgang!"

Und sie gingen in den Heuschober und schlossen die Tür hinter sich.

Es wurde seltsam still, nachdem sie verschwunden waren. Die Dunkelheit schien plötzlich viel dichter und bedrohlicher zu sein als noch vor einer Minute.

Wir krochen in unsere Schlafsäcke und bereiteten uns auf eine lange, ungewisse Nacht vor.

„Was ist, wenn wir einschlafen?" flüsterte ich.

„Glaubst du wirklich, daß du einschlafen kannst?" wisperte Elisabeth zurück.

Ich schüttelte den Kopf und lächelte schwach.

„Wir sollten nicht zuviel miteinander sprechen, nicht einmal im Flüsterton", zischte Elisabeth.

„Nachts ist es so still, daß man das leiseste Geräusch weithin hören kann. Wenn wir uns etwas besonders Wichtiges zu sagen haben, sagen wir es uns gegenseitig ins Ohr, aber sonst verhalten wir uns ganz ruhig."

So begann unsere Nacht in tiefem Schweigen.

Schwere Wolken zogen langsam über den Himmel. Ein leichter Wind ging, und die Luft war kalt. Bald verdichteten sich die Wolken; es wurde immer dunkler. Der Mond war jetzt fast völlig verdeckt; man sah ihn nur manchmal schwach und bleich zwischen den Wolkenfetzen durchschimmern.

Die Zeit verging so langsam, daß ich das Gefühl hatte, es würde nie wieder Morgen...

Ab und zu sah ich zu Elisabeth hinüber, die allem Anschein nach ruhig und furchtlos in ihrem Schlafsack lag und den Blick nicht von der Wiese vor dem Heuschober wandte. Sie schien entweder keine Nerven zu haben oder besonders mutig zu sein.

Ich beneidete sie ein wenig um diese Unerschrockenheit. Offenbar hielt sie es sogar für aufregend und angenehm, hier draußen zu liegen und einem Gespenst aufzulauern. Ich dagegen war vor Angst wie erstarrt und sehnte mich insgeheim danach, zu Hause in meinem Bett zu liegen. Aber jetzt war es zu spät, um es sich anders zu überlegen. Ich konnte nichts tun, als die Zähne zusammenzubeißen und zu hoffen, daß die Zeit etwas schneller vergehen würde als bisher.

Aber noch immer lagen viele Stunden vor uns, ehe im Osten über dem Wald der Morgen dämmern würde.

Aus welcher Richtung mochte das Gespenst kommen? Angenommen, es schwebte durch das Gebüsch direkt auf uns zu? Was sollten wir dann tun? Konnte man ein Gespenst fangen? Oder griff man mit der Hand ins Leere, wenn man versuchte, es zu berühren?

Hatte es die Fähigkeit, durch Wände, Büsche und Mauern zu sehen?

Ich schaute auf die Uhr. Es war fünf Minuten nach Mitternacht. Die Geisterstunde hatte begonnen.

Ein Pferd wieherte plötzlich, und das Geräusch hallte weit durch die Nacht. War es über etwas erschrocken?

Als ich Elisabeth im Flüsterton fragen wollte, was ihrer Meinung nach der Grund für das Gewieher war, schüttelte sie abwehrend den Kopf und deutete auf den Weg, der von den Reihenhäusern herunter am Heuschober vorbeiführt und in die große Landstraße mündet. Ich versuchte, ebenfalls in diese Richtung zu sehen, obwohl ich am liebsten die Augen geschlossen hätte.

„Kommt das Gespenst?" wisperte ich mit zitternder Stimme.

„Psst!" zischte Elisabeth, ohne sich nach mir umzudrehen.

Sie starrte unverwandt auf den Weg. Was hatte sie bemerkt?

Ich spähte so angestrengt geradeaus, daß mir die Tränen in die Augen traten – und plötzlich sah ich etwas, was sich dort in der Dunkelheit bewegte! Es war etwas Großes, Schwarzes, und es näherte sich langsam.

Es kam auf uns zugerollt.

Ich biß mir auf die Unterlippe, um nicht zu schreien.

Kalte Schauder liefen mir über den ganzen Körper. Ich griff nach Elisabeths Arm und dachte: In ein paar Sekunden ist das Gespenst da, und dann hat mein letztes Stündlein geschlagen!

Die Sekunden schleppten sich dahin – und das große, schwarze Etwas kam unaufhaltsam näher. Mein Herz hämmerte gegen die Rippen; gerade als ich den Mund auftat, um nach Hilfe zu rufen, erkannte ich klar und deutlich, was sich da bewegte.

Es war ein Auto.

Es fuhr ohne Licht und mit abgestelltem Motor den Hügel herunter. Ich beobachtete es verblüfft. Was sollte das bedeuten? Weshalb kam mitten in der Nacht ein Auto hier angefahren?

„Das ist kein Gespenst", sagte ich zu Elisabeth.

„Ruhe!" wisperte sie zurück.

Doch ich war so überrascht, daß ich nicht still sein konnte. „Es gibt wohl keine Gespenster, die mit dem Auto fahren?" flüsterte ich.

„Ruhe!" sagte Elisabeth böse und gab mir einen Seitenstoß.

Das Auto hielt vor der Scheune an. Ich sah die schattenhaften Umrisse zweier Männer, die aus-

Nanu, seit wann fahren Gespenster mit dem Auto?

stiegen. Da uns nur etwa zehn Meter vom Wagen trennten, konnten wir ziemlich genau sehen, was vorging. Der größere Mann öffnete eine Tasche und reichte dem anderen einen Gegenstand – und nach etlichen geheimnisvollen Bewegungen hatte er sich in ein Gespenst verwandelt! Er trug nur eine weiße Kutte und hatte eine Kapuze über den Kopf gestülpt; in der rechten Hand hielt er eine Laterne, die einen rötlichen Schein verbreitete, in der linken eine lange Stange mit etwas Seltsamem an der Spitze.

Die vermummte Gestalt schlich nun zum Scheunenfenster und ließ sich auf die Knie nieder. Sie hob die Stange und beleuchtete sie von unten her mit der Laterne. Nach einigen Sekunden schlug der Mann mit der Stange mehrmals gegen das Fenster und bewegte die Laterne hin und her, so daß sie einen gespenstisch flackernden Schein erzeugte – und in diesem Licht sahen wir, daß der merkwürdige Gegenstand an der Spitze einer Hand mit leuchtenden Fingern glich.

Elisabeth drehte sich zu mir um, nickte zuerst ein paarmal, legte ihren Mund dicht an mein Ohr und flüsterte: „Das sind keine Jungs, sondern ausgewachsene Männer!"

Ich hatte noch immer Angst; deshalb wagte ich nicht, ihr zu antworten, sondern nickte nur. Natürlich war es angenehm zu wissen, daß hier kein echtes Gespenst herumgeisterte – aber wußte man, was diesen beiden Kerlen einfiel, wenn sie uns entdeckten?

Der Mann, der sich als Gespenst verkleidet hatte, erhob sich jetzt, so daß sein Kopf in der weißen Kapuze das ganze Fenster verdeckte.

Gleichzeitig knipste er die Lampe mehrmals aus und an, damit es so aussah, als würde sein Gesicht dauernd von Blitzen beleuchtet.

Da drehte sich sein Komplize, der die ganze Zeit beim Wagen gestanden und zugesehen hatte, plötzlich um und schaute in unsere Richtung!

Elisabeth streckte schnell die Hand aus, drückte mein Gesicht zu Boden und kroch dichter an mich heran.

Wir lagen völlig unbeweglich da, und nach einer Weile flüsterte sie mir so leise zu, daß ich sie kaum verstehen konnte: „Wir rühren uns nicht! Wir bleiben so lange liegen, bis sie wieder weggefahren sind."

Das war eine unbequeme Stellung! Das Gras stach uns ins Gesicht, und die Steine unter unseren Schlafsäcken schienen mit jeder Minute größer und härter zu werden. Aber obwohl uns bald alle Glieder weh taten, bewegten wir uns nicht einen Millimeter von der Stelle.

War die Zeit schon während des Wartens langsam vergangen, so schien sie jetzt völlig stillzustehen. Elisabeth lag mit geschlossenen Augen da, als schliefe sie, und ich versuchte mich zu entspannen, während ich langsam immer wieder bis sechzig zählte.

Ich mußte zwölfmal bis sechzig zählen, ehe ich hörte, wie die Wagentür behutsam wieder geschlossen wurde. Da sah Elisabeth hoch und lächelte mich an, und ich seufzte vor Erleichterung tief auf. Wir warteten noch eine Weile, hoben dann vorsichtig die Köpfe und spähten zwischen den Zweigen durch. Der Wagen rollte langsam und ohne Licht den Weg hinunter und verschwand wie ein großer Schatten in der Nacht...

Wir liefen zur Scheune und klopften an die Tür.

„Macht auf!" riefen wir. „Das Gespenst ist fort!"

Kein Laut drang aus dem Heuschober.

„Macht auf!" riefen wir wieder und rüttelten an der Tür.

Da vernahmen wir schleichende Schritte, und eine ängstliche Stimme fragte: „Wer ist da?"

„Kiki und Elisabeth", sagte Elisabeth. „Laßt uns jetzt herein, dann bekommt ihr die Wahrheit über den Spuk zu hören."

Da öffnete sich die Tür einen Spalt. Karins bleiches Gesicht spähte heraus. Sie wollte ganz sicher sein, daß wir es auch wirklich waren, ehe sie uns hereinließ.

„Was ist passiert?" riefen alle. „Wir dachten schon, das Gespenst hätte euch zu Tode erschreckt!"

„Keine Angst", sagte Elisabeth. „Es war kein Gespenst, was ihr da gesehen habt, sondern ein verkleideter Mann."

Dann erzählte sie alles.

Als Elisabeth geendet hatte, blieb es einen Herzschlag lang still, aber dann brach ein gewaltiger Redeschwall los. Natürlich fragten wir uns alle, aus welchem Grund zwei fremde Männer zur Scheune kamen und uns etwas vorspukten.

„Und was machen wir jetzt?" fragte Lena schließlich.

„Wenn sie wiederkommen, überfallen wir sie einfach", sagte Anita, und ihre Stimme klang ausnahmsweise einmal richtig mutig.

„Nein, das tun wir nicht", erwiderte ich. „Wir versuchen keinesfalls, Heldinnen zu spielen. Morgen gehen wir zur Polizei und erzählen alles. Das ist am besten."

„Die Polizisten lachen uns vielleicht aus", wandte Anita ein.

„Die Polizei ist dazu da, den Leuten zu helfen

und geheimnisvolle Vorgänge aufzuklären", sagte ich. „Sie werden sich nicht über uns lustig machen."

Alle wechselten zweifelnde Blicke.

„Aber wir wollten doch morgen unser Turnier abhalten", meinte Anita nach einer Weile. „Da haben wir doch gar keine Zeit, zur Polizei zu gehen."

„Wir schaffen bestimmt beides", erwiderte ich.

„Wäre es nicht besser, wenn wir unseren Eltern alles erzählen würden?" schlug Marianne vor.

„Nein", sagte ich. „Unsere Eltern denken vielleicht, daß wir uns etwas einbilden und nehmen uns nicht ernst. Aber die Polizei muß die Sache untersuchen, wenn wir sagen, was wir gesehen haben."

„Was sollen wir tun? Wir müssen uns entschließen!" Das kam wieder von Lena.

„Wir stimmen ab", erwiderte Elisabeth eifrig. „Alle, die dafür sind, daß wir es der Polizei melden, sollen die Hand heben."

Ich meldete mich und Elisabeth ebenfalls. Dann folgten Karin, Lena, Ingrid und Marianne, und kurz darauf streckte auch Anita ihren Arm in die Höhe.

„Dann ist die Sache abgemacht", sagte Elisabeth. „Morgen gehen wir zur Wache und erzählen alles."

„Wann wird die Polizeistation geöffnet?" fragte Karin.

„Um neun Uhr, nehme ich an", erwiderte ich.

„Und was machen wir bis dahin?"

„Wir schlafen", sagte Elisabeth.

Eine Belohnung für die Gespensterjagd

Ich erwachte davon, daß eine laute Stimme rief: „Aufstehen! Es ist acht Uhr! Zeit zum Waschen und Zähneputzen! Wir haben heute eine Menge vor, also beeilt euch gefälligst ein bißchen."

Es war Karin, die am Fenster stand und uns mit ihrem munteren Geschrei aufweckte.

Aus dem Heu erklang Protestgemurmel, aber so nach und nach krochen doch alle aus ihren Schlafsäcken. Um halb neun Uhr saßen wir schon im Freien und frühstückten.

„Sollen wir alle gemeinsam zur Polizei gehen?" fragte Marianne.

„Nein, es reicht, wenn zwei oder drei von uns dort aufkreuzen", erwiderte Elisabeth.

„Wer denn?" sagte ich.

„Am besten ist es, wenn du mit Elisabeth gehst", meinte Karin. „Ihr zwei habt ja heute nacht alles gesehen."

Ich sah Elisabeth an; sie nickte und sagte: „Ja, gut. Und während wir unterwegs sind, könnt ihr die Springbahn für das Turnier vorbereiten."

„Wann soll das Turnier beginnen?" wollte Karin wissen.

„Um eins sind wir sicher soweit", meinte Elisabeth. „Sollen wir in die Stadt reiten, Kiki?"

„Nein, wir nehmen unsere Fahrräder. Wir können

die Pferde ja nicht allein vor der Polizeiwache warten lassen."

„Daran habe ich nicht gedacht", stimmte Elisabeth zu und erhob sich. „Bist du fertig?"

Ich nickte und trank rasch meinen Saft aus.

„Viel Glück!" riefen uns die anderen nach, als wir unsere Fahrräder aus dem Schuppen holten. Wir winkten ihnen zu und machten uns auf den Weg ins Stadtzentrum.

„Wie benimmt man sich, wenn man mit einem Polizeibeamten redet?" erkundigte sich Elisabeth, als wir vor der Wache angekommen waren.

„Nicht anders als sonst", sagte ich. „Polizisten sind auch nur gewöhnliche Menschen."

„Ich bin trotzdem ein bißchen nervös", murmelte Elisabeth.

„Das geht vorbei", versicherte ich und öffnete die Tür. An einem Tisch saß ein älterer Mann und tippte auf einer Schreibmaschine.

„Guten Morgen", sagte ich. „Wir möchten über eine rätselhafte Angelegenheit Meldung erstatten."

Er sah hoch, schob seinen Stuhl zurück und lächelte uns an.

„Eine rätselhafte Angelegenheit?" wiederholte er. „Das klingt aufregend. Setzt euch bitte hierher und erzählt, was ihr auf dem Herzen habt. Aber sagt mir zuerst, wie ihr heißt und wo ihr wohnt."

Er deutete auf zwei Stühle, die vor seinem Schreibtisch standen. Wir setzten uns, gaben unsere Namen und Adressen an und sahen uns abwechselnd ein wenig unsicher an, weil wir nicht wußten, wer von uns beiden reden sollte. Doch schließlich räusperte sich Elisabeth und begann zu erzählen: „Wir sind sieben Mädchen und kümmern uns um Aspens Reitschule, während Herr Erik in Urlaub ist. Wir übernachten dort im Heuschober, und eines Nachts erwachten wir von einem seltsamen Geräusch..."

Der Polizist hörte ihr zu, ohne sie zu unterbrechen, und sein Gesicht wurde immer ernster. Als sie beschrieb, was wir in der vergangenen Nacht von unserem Versteck aus beobachtet hatten, stand er auf und sagte: „Das klingt wirklich merkwürdig. Ich glaube, wir sollten uns diese beiden Männer einmal näher ansehen, die euch da etwas vorgeistern. Bleibt noch ein paar Minuten hier, ich gehe nur schnell nach nebenan, um zu telefonieren."

Es dauerte wirklich nicht lange, bis er zurückkam. „Ich habe gerade mit einem Kollegen gesprochen, und wir haben uns entschlossen, heute abend zur Reitschule zu kommen und uns ein bißchen mit diesen Burschen zu unterhalten, die euch erschrecken wollten. Und wir wären sehr froh, wenn ihr uns dabei etwas helfen könntet. Wollt ihr das?"

„Ja", sagten wir.

„Gut. Dann machen wir es so, daß ihr wie immer im Heuschober übernachtet, und wir verstecken uns unter den Jasminbusch und warten, bis der Spuk beginnt. Seid ihr einverstanden?"

„Natürlich."

„Aber damit auch alles klappt, dürft ihr mit nie-

„Damit wir die Gespenster schnappen, dürft ihr mit niemandem darüber reden!"

mandem darüber reden, daß wir heute nacht dort auf der Lauer liegen werden. Könnt ihr mir das versprechen?"

„Freilich!"

„Ihr dürft nicht einmal euren Eltern und Geschwistern etwas davon sagen. Und ihr müßt dafür sorgen, daß auch eure Freundinnen dieses Versprechen einhalten."

„Verlassen Sie sich nur auf uns", sagten wir.

„Sehr gut. Auf Wiedersehen dann, bis bald."

„Auf Wiedersehen", sagten wir, standen auf und gingen wieder hinaus zu unseren Fahrrädern.

„Ich frage mich, was heute nacht passieren wird", äußerte Elisabeth während der Rückfahrt.

„Das kann man nie wissen. Aber ich hoffe wirklich, daß dieses Auto wieder angefahren kommt, sonst blamieren wir uns."

„Ach, sag so was nicht!" rief Elisabeth. „Laß uns die Daumen halten, daß es wieder spukt."

„Himmel, klingt das verrückt!" sagte ich und lachte. „An einem Tag sterben wir fast vor Angst, und am nächsten halten wir die Daumen, daß das Gespenst sich zeigt."

Wir radelten direkt zur Springbahn und erzählten den anderen, was der Polizist gesagt hatte. Natürlich legten alle das feierliche Versprechen ab, zu schweigen wie ein Grab. Dann sagte Elisabeth: „Und jetzt reden wir nicht mehr davon – kein Wort! Dafür trainieren wir noch ein bißchen, damit wir um eins wirklich unser Turnier abhalten können!"

Am Spätnachmittag war das erste Turnier des Ponyklubs vorbei. Marianne hatte für die Überraschung des Tages gesorgt, denn sie gewann noch vor Elisabeth. Anita belegte den dritten Platz und ich den vierten. Nach mir kamen der Reihe nach Karin, Lena und Ingrid. Es gab noch eine feierliche Preisverteilung mit Hurrageschrei und Applaus, ehe wir die Pferde in den Stall brachten.

Der Rest des Tages verging wie im Flug; unversehens brach die Abenddämmerung herein. Dünne Nebelschwaden senkten sich über die Wiesen, und der Mond leuchtete bleich zwischen rasch dahinjagenden Wolkenfetzen.

„Ein ideales Wetter für eine Gespensterjagd!" sagte Elisabeth, als sie die Tür zur Scheune verriegelte.

Wir krochen in unsere Schlafsäcke, und Karin versicherte: „Ich schlafe bestimmt nicht. Ich will unbedingt miterleben, wie diese Kerle von der Polizei gefaßt werden!"

Wir anderen hatten ebenfalls vor, wach zu bleiben.

„Auf alle Fälle müssen wir uns ruhig verhalten", sagte Elisabeth. „Wenn die beiden Männer nämlich hören, daß wir wach sind, werden sie vielleicht mißtrauisch und verschwinden."

So warteten wir in tiefem Schweigen.

Ich fürchtete mich kein bißchen, aber mein ganzer Körper kribbelte vor Erregung.

Endlich wurde es zwölf.

Es knisterte vorsichtig im Heu. Alle setzten sich auf und sahen zum Fenster. Tiefe Finsternis herrschte um uns her. Nun konnte das Gespenst kommen.

Wir warteten gespannt; plötzlich hörte man ein dumpfes Poltern, und im nächsten Augenblick erstrahlte das Fenster in rotem Licht. Ein behaartes Monstergesicht mit weit geöffnetem Mund und großen runden Augen starrte durch die Scheibe!

Doch in Sekundenschnelle verschwand das Ungeheuer wieder; wir hörten Rufe vor der Scheune, und etwas schlug kräftig gegen die Wand.

„Was ist passiert?" flüsterte ich.

Ehe jemand antworten konnte, wurde an die Tür geklopft. Eine Stimme sagte laut: „Hier ist die Polizei! Seid so nett und macht uns auf, dann könnt ihr euch ein feines Gespensterpaar ansehen."

Gemeinsam schlichen wir zur Tür, und Karin zog vorsichtig den Riegel zurück. Draußen stand der Polizeibeamte, mit dem Elisabeth und ich gesprochen hatten. Er lächelte uns an und verbeugte sich. „Guten Abend, ich bin Wachtmeister Andersson. Ihr braucht keine Angst zu haben. Dort im Auto sind die beiden Gespenster, und jetzt sehen sie durchaus nicht mehr furchterregend aus."

Wirklich – im Polizeiwagen saßen zwei Männer und schnitten sehr saure Gesichter. Der eine von ihnen hielt eine Gummimaske in der Hand, die genau wie das Monstergesicht aussah, das uns vor kurzem durch das Fenster angestarrt hatte. Der Polizist hinter dem Steuer nickte uns zu und sagte: „Die beiden haben eine ganze Spukausrüstung dabei – weiße Kapuzen, Gummimasken und lange Stangen mit Gummihänden daran. Sie müssen euch während der letzten Nächte ein paar grausige Vorstellungen gegeben haben, stimmt's?"

Wir nickten nur.

„Ich finde es komisch, daß sie nicht über die Schnüre gestolpert sind, die wir kürzlich über die Wiese gespannt haben", sagte ich.

„Die haben sie sicher bemerkt, denn sie sind daran gewöhnt, im Dunkeln zu arbeiten", erwiderte der Polizist.

„Gewöhnt, im Dunkeln zu arbeiten?" wiederholte Karin. „Was sind das eigentlich für Männer?"

Doch sie bekam keine Antwort, denn in diesem Moment trat noch ein weiterer Polizeibeamter aus dem Gebüsch und fragte: „Ist Heu in der Hütte?"

„Ja", sagten wir im Chor.

Er sah uns nachdenklich an und nahm Wachtmeister Andersson beiseite. Minutenlang unter-

„Ja, die beiden Spukburschen sind berüchtigte Einbrecher!"
erklärte der Wachtmeister

hielten sich die beiden Beamten leise miteinander. Dann wandte sich der Wachtmeister an uns: „Kommt mit, Mädels. Diese beiden Burschen sind ziemlich berüchtigte Einbrecher, und wir vermuten, daß sie in eurem Heuschober etwas versteckt haben. Wahrscheinlich wollten sie ihre Beute holen, und ihr wart ihnen im Weg. Deshalb versuchten sie wohl, euch zu verjagen. Habt ihr etwas dagegen, wenn wir das Heu durchsuchen?"

„Nein, überhaupt nicht", sagte Elisabeth. „Aber natürlich liegen überall eine Menge Decken und Schlafsäcke herum. Wir räumen sie schnell weg."

In der Scheune knipste Herr Andersson eine große Taschenlampe an. Nachdem wir unsere Sachen in eine Ecke geschafft hatten, sahen wir neugierig zu, wie die Polizisten sich an die Arbeit machten.

„Was sie bloß hier im Heu versteckt haben mögen?" fragte ich. „Und warum sind sie nicht tagsüber hergekommen, um es zu holen?"

„Das war ihnen bestimmt zu riskant", antwortete der Polizist, der Berg hieß. „Sie wurden überwacht und hatten Angst, daß man sie bei Tageslicht erkennen könnte. Offenbar hatten sie hier etwas versteckt und wollten ein paar Nächte später wiederkommen, um es zu holen. Inzwischen wart ihr jedoch hier eingezogen, und da hielten sie es wohl für das beste, euch zu vergraulen."

„Wenn sie etwas gestohlen haben, warum sind sie dann nicht gleich mit ihrer Beute verschwunden?" erkundigte sich Karin.

„Es gibt viele Einbrecher, die ihr Diebesgut verstecken, bis sie sicher sind, daß man sie nicht verdächtigt", erklärte Wachtmeister Andersson.

Gerade da bückte sich sein Kollege und zog etwas aus dem Heu hervor, was einer dicken, schwarzen Platte glich.

„Da haben wir es!" sagte er.

„Was ist das?" fragten wir neugierig.

„Eine Tasche, in der Uhrmacher ihre Armbanduhren aufbewahren. Bestimmt liegen hier noch mehr von der Sorte."

Die Polizisten wühlten mit den Händen im Heu und fanden tatsächlich noch sechs gleiche Taschen. Als sie die öffneten, war jede bis obenhin mit Armbanduhren gefüllt.

„Die sind gar nicht schlecht", sagte Wachtmeister Berg. „Lauter feine Golduhren!"

Herr Andersson nickte. „Sie stammen sicher aus dem Einbruch, der vor einer Woche in einem Uhrengeschäft im Stadtzentrum verübt wurde."

„Wieviel sind sie wert?" wollte ich wissen.

„Das ist schwer zu schätzen", erwiderte Andersson. „Aber ich nehme an, daß es sich so ungefähr um dreißigtausend Mark handelt."

Wir starrten auf die Uhren.

„Dreißigtausend Mark? Im Heu? Das ist ja Wahnsinn!" rief ich.

Wachtmeister Andersson lächelte. „Jetzt wollen wir euch nicht länger stören", sagte er. „Vielen Dank für eure Hilfe. Schlaft noch ein paar Stunden, ihr habt es verdient. Gute Nacht allerseits."

„Gute Nacht!" riefen wir und sahen von der Tür aus zu, wie Wachtmeister Berg im Wagen der Einbrecher losfuhr, gefolgt vom Polizeifahrzeug.

Jeder holte sich wieder seinen Schlafsack, wir krochen ins Heu und unterhielten uns noch ein paar Minuten aufgeregt über Einbrecher und Uhren und Gespenster – und plötzlich hörte man die ersten Schnarchlaute. Es dauerte nicht lange, da war der ganze Ponyklub tief und fest eingeschlafen.

Am nächsten Morgen schliefen wir bis elf Uhr. Ich stand gerade im Waschraum und putzte mir die Zähne, als sich draußen ein Wagen näherte.

„Kommen die Gespenster jetzt schon mitten am Tag?" sagte Karin, die neben mir stand.

Wir ließen die Zahnbürsten fallen und liefen auf die Wiese. Gleichzeitig kamen Elisabeth, Lena und Ingrid aus der Scheune, und Anita tauchte mit Marianne in der Stalltür auf. Wieder hielt ein Polizeiauto auf dem Weg, und heraus kletterte Wachtmeister Andersson mit einem Mann, den wir noch nie zuvor gesehen hatten.

„Guten Morgen", sagte der Wachtmeister. „Habt ihr gut geschlafen?"

„Ja!" riefen wir.

„Und hat sich kein Gespenst mehr gezeigt?"

Wir schüttelten die Köpfe und lachten.

„Na prima. Darf ich euch Inspektor Hanssen vorstellen?" sagte er und deutete auf seinen Begleiter. „Herr Hanssen arbeitet für eine Versicherungsgesellschaft und hat euch etwas mitzuteilen."

Inspektor Hanssen lächelte zufrieden und sagte: „Ja, zuerst will ich euch einmal herzlich dafür danken, daß ihr geholfen habt, den Einbruch im Uhrengeschäft aufzuklären. Das habt ihr gut gemacht! Unsere Gesellschaft hat eine Belohnung von tausend Mark für denjenigen ausgesetzt, der uns Hinweise auf den Verbleib der Diebesbeute gibt. Und jetzt haben wir im Einvernehmen mit der Polizei beschlossen, euch diese Belohnung zu geben."

Wir standen lange Zeit wie erstarrt da und sperrten Mund und Augen auf.

„Wir bekommen tausend Mark?" fragte Elisabeth ungläubig.

„Ja, das steht euch zu. Das Geld wird in den

nächsten Tagen mit der Post an die Reitschule geschickt. Nochmals vielen Dank für eure Hilfe – und ich hoffe, daß euch etwas Schönes einfällt, wofür ihr das Geld verwenden könnt. Auf Wiedersehen."

„Auf Wiedersehen", sagte der Wachtmeister ebenfalls und kletterte zusammen mit Herrn Hanssen ins Auto.

„Wiedersehen! Und vielen Dank!" riefen wir.

Wir blieben stumm stehen und sahen dem Polizeiauto nach. Dann aber fingen wir zu jubeln und zu lachen an, umarmten uns gegenseitig und vollführten wilde Luftsprünge.

„Wir kriegen tausend Mark!" schrien wir. „Wir sind reich!"

„Was kaufen wir uns für das Geld?" fragte Karin plötzlich.

Da setzten wir uns auf die Wiese und überlegten, was wir mit unseren tausend Mark anfangen wollten. Und wozu wir uns schließlich entschlossen – ja, das erzähle ich im nächsten Buch vom Ponyklub.

Titel der schwedischen Originalausgabe:
HÄR KOMMER PONNYGÄNGET
© 1971 AB Rune Olausson
Rabén & Sjögren, Stockholm
Übersetzung: Ursula Dotzler
Deckelbild und Illustration: Renate Vögel-Cossmann
Redaktion: Karin Bonow-Lochner
Bestellnummer: 7506
Deutsche Ausgabe:
© 1975 Franz Schneider Verlag GmbH & Co. KG
München-Wien
ISBN 3 505 07506 X
Weitere Bände sind erschienen.

Spannende SchneiderBücher von Monica Alm:

HABE ICH	WÜNSCHE ICH MIR
Kiki gründet einen Ponyklub (Band 1) Im Reitstall werden Gespenster gejagt	
Kiki mit dem Ponyklub unterwegs (Band 2) Aufregende Tage bei einer Reittour	
Kiki plant ein Ponyfest (Band 3) Pferde – als Retter in der Not	
Kiki erlebt aufregende Ponyferien (Band 4) Mit den Ponys auf dem Bauernhof	
Kiki mit dem Ponyklub auf der Gespensterparty (Band 5) Das Geheimnis des alten Gutshauses	
Kiki und ihr Ponyklub (Sammelband 1) Umfaßt 3 Bände spannender Pferdeabenteuer	

Deine Wunschliste bitte hier ausschneiden.

ENID BLYTON

**Tina und Tini stehen
vor neuen Rätseln**

Für die Freundinnen Tina und Tini
beginnen die Ferien mit einem
geheimnisvollen Rätsel. Wer wohnt in
dem Nachbarhaus, das verschlafen
und umrankt wie ein Dornröschen-
schloß wirkt? Irgend etwas stimmt dort
nicht. Die Abenteuerlust läßt ihnen
keine Ruhe. Erst ein unterirdischer
Gang löst das Geheimnis . . .

 Schneider-
Buch

M. L. FISCHER

Hilf mir,
liebes Hausgespenst!

Mit einem Hausgespenst unter einem Dach zu leben, ist schon gruselig. Nur für die Familie Schmidt nicht. Sie hat sich mit ihrem Hausgespenst angefreundet. Wenn dort eine Schaufel – durch Geisterhand bewegt – eine Grube gräbt, dann werden zwar die Freunde vergrault, aber nicht die Schmidts. Sie sind Schlimmeres gewöhnt!

 Schneider-Buch

LISBETH PAHNKE

Britta reitet die Hubertusjagd

Drei Monate Sommerferien liegen vor Britta. Was wird sie wohl in all diesen Wochen erleben? Da trifft Britta Lilleman, ein freches, übermütiges, schwarzes Pony und freundet sich mit ihm an. Aber das größte Ereignis ist die Hubertusjagd, an der Britta zum erstenmal teilnehmen kann.

 Schneider-Buch

MAJ REHBINDER

**Bess bekommt
ein Pony**

Das war Liebe auf den ersten
Blick. In den Ferien sah die kleine
Bess das Pony zum erstenmal.
Jeden Tag besuchte sie es auf
der Weide, bis . . . ja, bis die Eltern
ihrer kleinen Tochter den großen
Wunsch erfüllen und das Pony
kaufen. Jetzt hat Bess einen
wunderbaren Freund.

 Schneider-
Buch

Die Seite zum Lachen

Fritz und Hans gehen zu einem Fluß, um sich die Füße zu waschen. Als sie sich ausziehen, sagt Hans erstaunt: „Du hast ja noch schmutzigere Füße als ich."
„Ja", antwortet Fritz, „ich bin ja auch zwei Jahre älter als du!"

Der Schulrat kommt. „Na, Kinder", sagt er leutselig, „nun sagt mir mal: wer bin ich?"
„Ein Mann", meldet sich ein Schüler.
„Richtig. Aber ich bin doch auch noch etwas anderes?"
„Ein kleiner Mann", meint ein anderer.
Die Leutseligkeit des Schulrats verfliegt schon merklich. „Meinetwegen, aber was noch?"
„Ein kleiner häßlicher Mann."

„Warum weinst du, Fritzchen?"
„Meine großen Brüder und Schwestern haben jetzt alle Ferien und ich nicht!" heult der Kleine.
„Warum hast du keine Ferien? Bist du nicht artig gewesen?"
„Doch, – aber ich komme erst im nächsten Jahr in die Schule!"

„Wirft Ihr Geschäft denn auch etwas ab, Herr Meier?"
„Das kommt darauf an!"
„Wieso?"
„Ich vermiete stundenweise Pferde zum Reiten!"

■■■

Drei Männer eilen zum Zug. Zwei von ihnen kann der Stationsvorsteher noch gerade in einen Wagen schieben. „Es tut mir leid, daß Sie es nicht mehr geschafft haben", sagt der Stationsvorsteher, „jetzt müssen ihre Freunde allein fahren."
„Wieso...? Fahren wollte doch ich – die beiden brachten mich nur zum Zug!"

■■■

Die Lehrerin hat Klein-Erika zum Irrenarzt geschickt, weil Klein-Erika Fußball mag. „Aber deshalb brauchst du doch nicht zu mir zu kommen", sagt der Irrenarzt. „Ich mag ja auch Fußball."
„Das ist prima!" ruft Klein-Erika überglücklich. „Ich mag ihn am liebsten angebraten, schön knusprig, kleingeschnitten und mit gelben Bohnen."